Rise & Shine ! 6e

CYCLE 3
3E ANNÉE

Odile Martin-Cocher
Professeure agrégée
Académie de Grenoble

Sophie Plays
Professeure certifiée
Académie de Créteil

Michèle Meyer
Professeure agrégée
Académie de Strasbourg

Catherine Marcangeli
Maître de Conférences
Université Paris-Diderot

Avec la collaboration de :
Rebecca Penzias
B.A.degree - Sociology
University of Boston, Mas., USA

didier

Consonant sounds

/p/
p
pot

/b/
b
bed

/t/
t, ght
toast, night

/d/
d, ld
dad, could

/k/
c, k, ck, ch
cat, book, duck, stomach

/g/
g, gh, gu
girl, ghost, guitar

/f/
f, ph, gh
fish, photo, laugh

/v/
v, f
van, of

/θ/
th
tooth

/ð/
th
brother

/s/
s, c, sc, st
six, price, science, listen

/z/
z, s
zip, noise

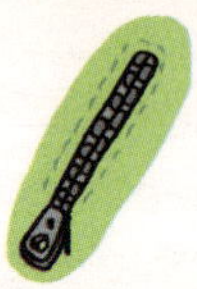

/ʃ/
sh, ci, ti, s
shop, special, nation, sugar

/tʃ/
ch, t, tch
church, adventure, pitch

/ʒ/
s, si
pleasure, explosion

/dʒ/
j, g, dg
jacket, ranger, fridge

/h/
h, wh
house, who

/l/
l
leg

/m/
m
milk

/n/
n, kn
nose, knife

/ŋ/
ng
sing

/r/
r, wr
rain, write

/w/
w, wh, u
walk, what, queen

/j/
y, i, u
yes, onion, uniform

Vowel sounds

/ɪ/ fish 

/iː/ tree 

/e/ pen 

/æ/ cat 

/ɑː/ car 

/ʌ/ cup 

/ɒ/ clock 

/ɔː/ door 

/ʊ/ book 

/uː/ shoe 

/ɜː/ bird 

/ə/ <u>A</u>meric<u>a</u> 

/ɪə/ ear 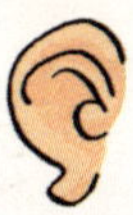

/ɛə/ chair 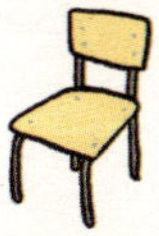

/ʊə/ poor 

/aɪ/ eye 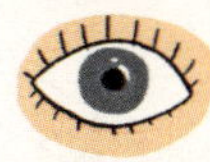

/eɪ/ day 

/ɔɪ/ boy 

/aʊ/ cow 

/əʊ/ snow 

Songs

HELLO GOODBYE

I. A. ENTER 1A0

Listen to the song and number the lines. Then sing along!

- [ ] I say high,
- [ ] You say goodbye,
- [ ] You say yes,
- [ ] I don't know why,
- [ ] I say no,
- [ ] You say stop,
- [ ] And I say go, go, go.
- [ ] I say hello,
- [ ] You say goodbye,
- [ ] You say why,
- [ ] And I say hello.
- [ ] And I say
- [ ] Hello, hello,
- [ ] I don't know why,
- [ ] I say hello.
- [ ] And I say hello,
- [ ] Hello, hello,
- [ ] You say goodbye,
- [ ] I don't know why,
- [ ] You say goodbye,
- [ ] Hello, hello,
- [ ] You say low,
- [ ] Oh no.
- [ ] I don't know.
- [ ] Oh no.
- [ ] You say goodbye,
- [ ] I say hello.

Word & music
by John Lenon & Paul McCartney

THE ALPHABET SONG

I. A. ENTER 1A1

Can you spell? Can you spell?
No, I can't. No, I can't.

You can't? Really?
Well listen!

A

A - apricot - artist
B - brother - blue
C - cereal - cat
D - dinner - dog
E - easy - exercise
F - funny - father

F

ABC DEF
Can you spell? Can you spell?

G

G - green - giraffe
H - hello - horse
I - ice-cream - insect
J - jelly - joke
K - kiwi - knight
L - lunch - lemonade

K

GHI JKL
Can you spell? Can you spell?

M

M - mother - monkey
N - night - no
O - one - orange
P - purple - pig
Q - quick - quick - quiet
R - red - rabbit

R

MNO PQR MNO PQR
Can you spell? Can you spell?

S

S - sister - spider
T - terrible - tiger
U - united - umbrella
V - vampire - victory
W - white - waffle
X - X-rays - xylophone

V

STUV W X

Y - yellow - yes
Z - zebra - zipline

YZ YZ

Z

Can you spell now?
Yes, I can. Listen!

A-L-P-H-A-B-E-T
Alphabet!

SITUATION

1 BE POSITIVE!

Get ready for your project

1. Write, check and correct. **I. A. ENTER 1A3**

COLOURS	FAMILY	FOOD	ANIMALS	ADJECTIVES
....	....	....	....	....
....	....	....	....	....
....	....	....	....	....
....	....	....	....	....

Your project Create your Alphabet song

Pick 6 letters for your Alphabet song and fill in the blanks. **I. A. ENTER 1A4**

B – Black – Bag

Can you spell? Can you spell?
No, I can't. No, I can't.
You can't? Really?
Well, listen!

.... – .... – ....

.... – .... – ....

.... – .... – ....

.... – .... – ....

.... – .... – ....

.... – .... – ....

.... – .... – .... – .... – .... – ....

Can you spell now? Yes, I can!

Now, listen to tips for Year 7 pupils.

Do the jigsaw puzzle.

I. A. ENTER 1A6

Be
Don't
Be
Do
Stay calm,
Don't
Don't

be late!
positive!
work hard
worry,
happy!
your
be scared

just
everything's
homework!
and

have fun!
be yourself!
great!

Notes

Pour améliorer mes performances

Je peux comprendre des ordres simples

1. Ces élèves ne font que des bêtises ! Écoute les ordres et coche les élèves concernés, puis écoute à nouveau et numérote-les. **I. A. ENTER 1P1**

Notes

....

....

....

....

....

....

....

....

....

Avant d'écouter, regarde bien l'illustration et imagine ce qu'un professeur dirait à ces élèves en anglais.

- As-tu été surpris(e) à l'écoute ? ....
- Avais-tu suivi le conseil donné ci-dessus ? ....
- Au test, de combien d'écoutes auras-tu besoin pour réussir ? ❑ 1 ❑ 2 ❑ 3

Je peux retrouver des ordres simples connus.

2. Utilise tous ces mots pour reconstituer les ordres donnés dans l'exercice 1. Certains mots seront utilisés plusieurs fois et on peut piocher plusieurs mots dans un même sac.

I. A. ENTER 1P2

listen to
talk
eat
use
write on
read
don't

chewing-gum
your desks
your mobiles
comics
music
in class

Répète les ordres dans ta tête en regardant l'illustration de l'exercice 1 pour retrouver l'ordre des mots.

a - ....

b - ....

c - ....

d - ....

e - ....

f - ....

- As-tu relu dans ta tête pour vérifier que ce que tu as écrit correspond aux situations de l'illustration ? ....
- As-tu vérifié l'orthographe en t'aidant des modèles fournis ? ....
- As-tu ajouté les majuscules et la ponctuation ? ....

SITUATION

2 IT'S A NEW LIFE!

I spy with my little eye...

1. Link the words to the pictures and go over the words. Then play "I spy with my little eye..."

I. A. ENTER **2A1**

classroom · poster · computer · chair · door

desk · whiteboard · window · video projector

uniform · trousers · mug · watch · teacher

binder · book · belt · bottle · table

Notes

school bag | rubber | coloured pencil | pencil

shirt

pen

ruler

pupil | copy book | compasses | pencil case

Discover a Year 7 timetable

2. Listen again and fill in the timetable.

I. A. ENTER 2A4

7 - C	Monday	Tuesday	Wednesday	Thursday	Friday
Period 1 (9:10 - 10:05)	Maths	English	Music		
Period 2 (10:05 - 11:00)	History		English	Maths	
Break					
Period 3 (11:20 - 12:15)	French	Maths	History		
Period 4 (12:15 - 1:10)		Music		English	
Lunch					
Period 5 (2:05 - 3:00)				Drama / Dance	French

Your project Create your group's Dream Timetable

I. A. ENTER 2A5

- **Step 1** Fill in the timetable – one day each.
  E.g.: Paul: Monday / Ryan: Tuesday / Cyril: Wednesday, etc.
- **Step 2** Share and complete the timetable.
  Inès: On Mondays, from ... to ..., we have ..., from ... .

Name of the group: ....

	Monday	Tuesday	Wednesday	Thursday	Friday
8:45 am	Registration / Assembly				
9:10 am					
10:05 am 11:00 am					
Break					
11:20 am					
12:15 pm 1:10 pm					
Lunch					
2:05 pm 3:00 pm					

Notes

Pour améliorer mes performances

Je peux repérer le vocabulaire de la classe.

1. Écoute des interventions dans une classe ou à la maison et numérote les objets dans l'ordre où ils sont cités. **I. A. ENTER 2P1**

Regarde les illustrations et répète les mots dans ta tête, tu les reconnaîtras plus facilement.

Ne panique pas si tu ne comprends pas chaque mot !

- T'es-tu préparé(e) avant l'écoute comme conseillé ci-dessus ? ....
- De combien d'écoutes as-tu eu besoin pour réussir ? ❑ 1 ❑ 2 ❑ 3

Je peux transcrire des informations d'un texte à une grille horaire.

2. Lis ce texte et note les informations fournies dans la grille. **I. A. ENTER 2P2**

Year 7 B

Please note the following changes in your timetable.
Now, on Tuesdays, you have music after English – just before the morning break.
After lunch you have P.E. and it's a double period.

Ne te fie pas à l'ordre des mots dans la phrase. Lis attentivement !

Day of the week	Period 1	Period 2	Break	Period 3	Period 4	Lunch	Period 5	Period 6
....	....	....	Break	....	....	Lunch	....	....

- Si tu n'as pas réussi du premier coup, note les mots qui t'ont bloqué(e) et que tu dois mémoriser : ....

....

Je peux comprendre des informations simples (lieu, temps).

3. Écoute des amis se donner des rendez-vous. Sauras-tu noter les informations fournies sous les lieux où ils vont se retrouver ? **I. A. ENTER 2P3**

The library

....

....

....

from .... to ....

The bowling centre

....

....

....

from .... to ....

The swimming-pool

....

....

....

from .... to ....

The skate park

....

....

....

from .... to ....

Les mots qui ressemblent au français à l'écrit ne se reconnaissent pas si facilement à l'oral.

Entraîne-toi à ré-entendre les phrases dans ta tête pour retrouver les informations sans avoir à réécouter.

Il y a des majuscules aux jours de la semaine.

- T'es-tu entrainé(e) à réentendre les messages dans ta tête ? ....
- Quelles informations as-tu repérées le plus facilement ?
  ❑ Lieux ❑ Jours ❑ Heures

Je peux décrire un emploi du temps scolaire.

4. Décris cette matinée comme si c'était ton emploi du temps *(I have...)*. Entraîne-toi en variant ta présentation : utilise les heures et les prépositions *before* et *after*. **I. A.** ENTER **2P4**

	Thursdays
8.00 – 9.55	Maths
9.00 – 9.55	Geography
Break	
10.15 – 11.10	Art
11.15 – 12.10	History
Lunch	

Ne prononce pas à la française les mots transparents (qui ressemblent au français) !

Alterne bien les mots et syllabes accentués et non-accentués.

- As-tu respecté la prononciation et l'accentuation des mots transparents ? ....
- T'es-tu entraîné(e) à présenter cette matinée d'au moins deux façons ? ....

Notes

Je comprends les nombres jusqu'à 99.

5. Écoute et coche sur le carton a) les bons numéros, puis surligne la ligne gagnante (celle où tous les numéros sont cochés).
Fais de même avec les cartons b) et c).

I. A. ENTER **2P5**

Repère bien la différence entre les chiffres de 13 à 19 qui se terminent par *-teen* (accentué) et les dizaines qui se terminent par *-ty* (non-accentué).

TRANSOGRAM BINGO

1	11	24	40	70	83	96
4	12	27	44	72	85	97
7	14	28	47	75	86	98
9	19	29	48	78	87	99

12 DIFFERENT WAYS TO WIN ON EACH CARD

a

TRANSOGRAM BINGO

3	13	22	30	52	60	71
5	15	23	31	54	66	73
8	17	24	37	55	68	76
9	18	29	38	57	69	77

12 DIFFERENT WAYS TO WIN ON EACH CARD

b

TRANSOGRAM BINGO

10	20	35	43	55	63	81
15	21	37	45	56	65	82
16	25	38	46	57	66	83
17	26	39	49	58	67	88

12 DIFFERENT WAYS TO WIN ON EACH CARD

c

SCHOOL UNIFORMS

- Watch the video. **Video** ENTER **2C1**

- Match the words to the colours and the clothes. **I. A.** ENTER **2C2**

SITUATION 3 ALL AROUND THE WORLD

1. Write the names of the countries, then match the flags and the capitals to the countries. Check in your book p. 18-19.

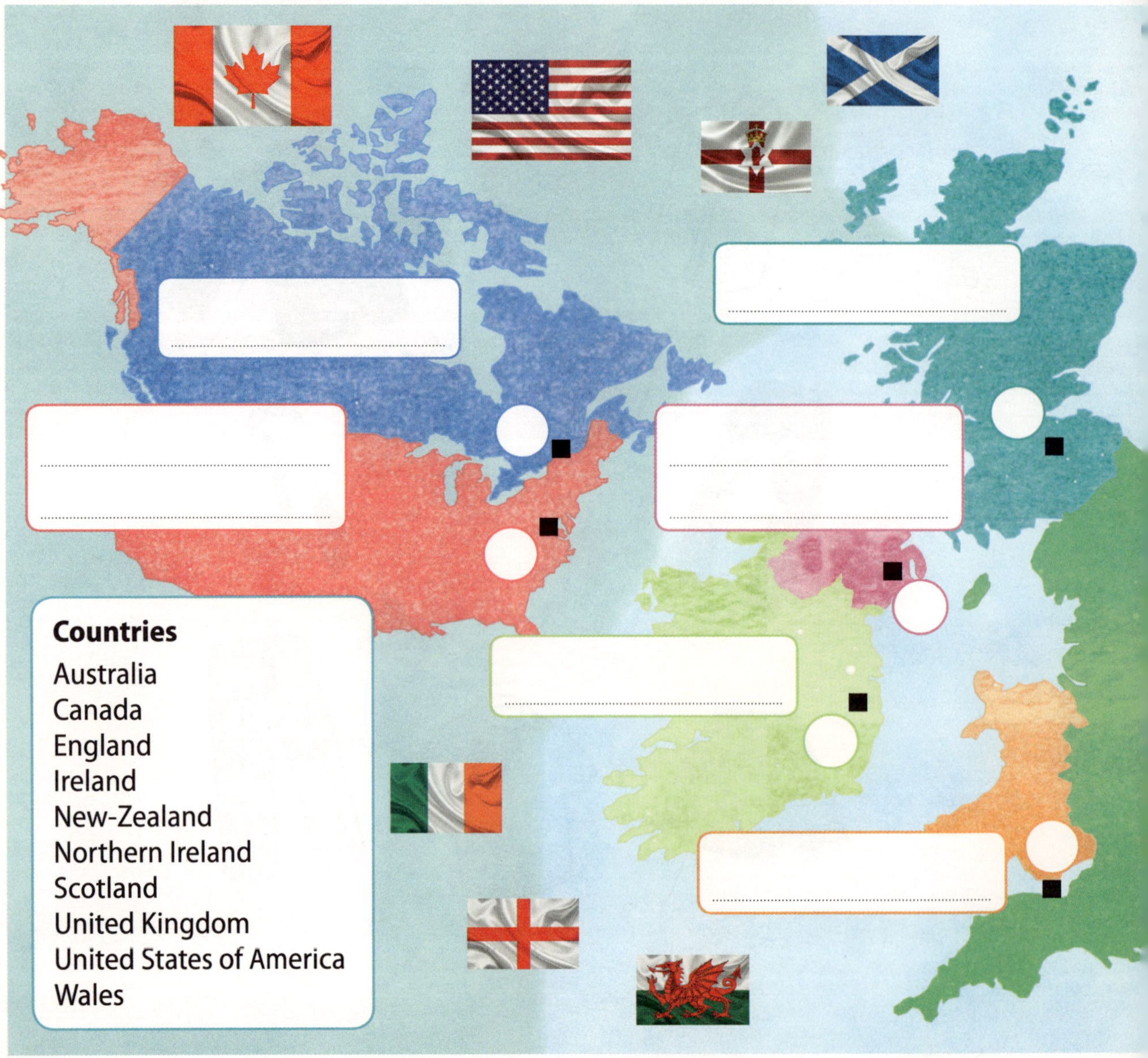

Countries

Australia
Canada
England
Ireland
New-Zealand
Northern Ireland
Scotland
United Kingdom
United States of America
Wales

Capitals

1. Belfast
2. Canberra
3. Cardiff
4. Dublin
5. Edinburgh
6. London
7. Ottawa
8. Washington
9. Wellington

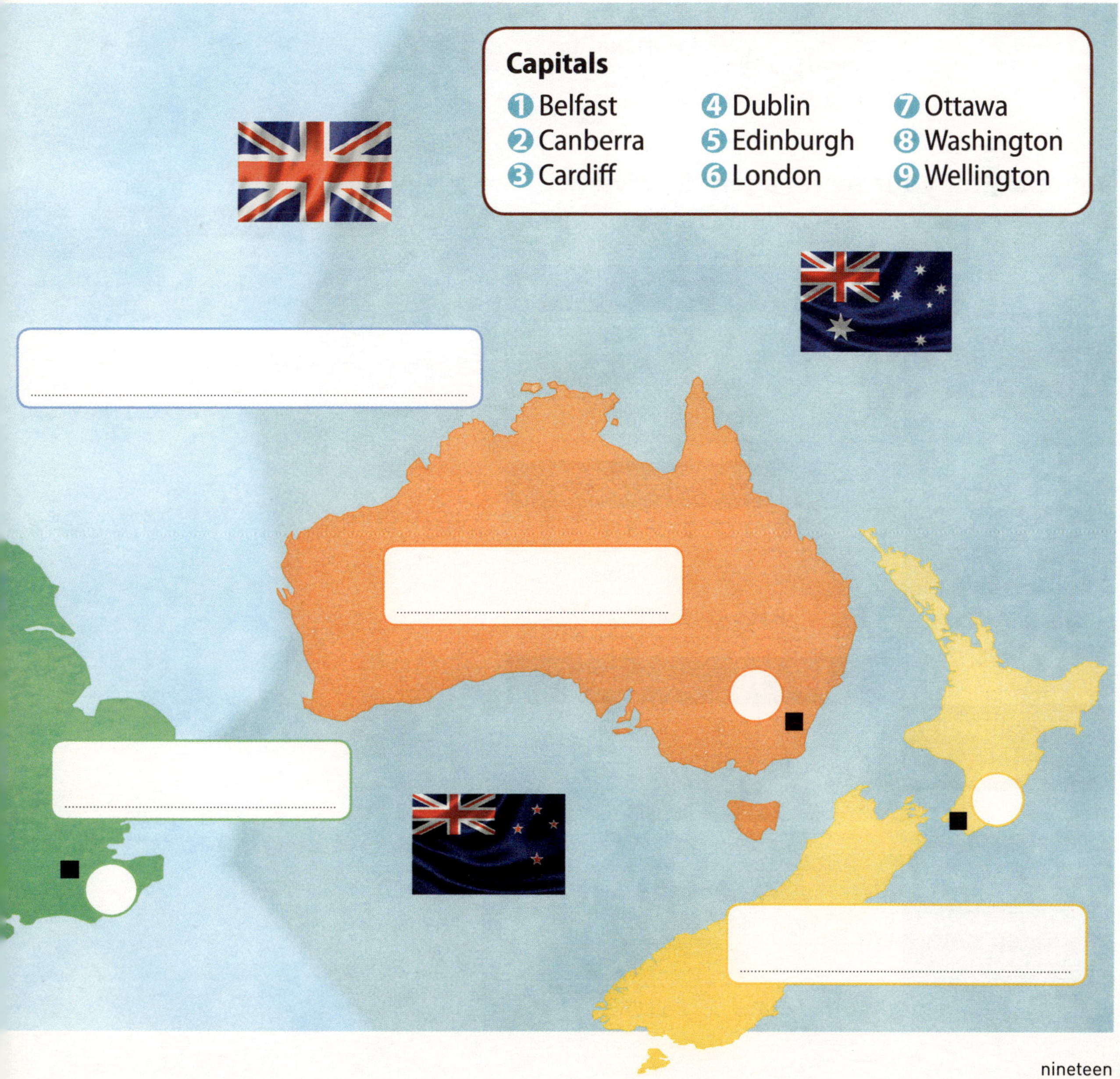

First, pick a new identity!

2. Pick a new identity (book p. 20) and fill in your ID card. You can choose your age.

I. A. ENTER **3A2**

Paste your photo here

Name: ....

Age: ....

City: ....

Nationality: ....

Get ready for your secret agent interview.

3. Listen to 4 candidates. Can they be secret agents? Tick and decide!

I. A. ENTER **3A3**

	Caitlin, 21 – Irish
Wrong answers	0 ☐ 1 ☐ 2 ☐ 3 ☐
Hesitations	0 ☐ 1 ☐ 2 ☐ 3 ☐
	Pass ☐ Fail ☐

	Wyatt, 25 – Canadian
Wrong answers	0 ☐ 1 ☐ 2 ☐ 3 ☐
Hesitations	0 ☐ 1 ☐ 2 ☐ 3 ☐
	Pass ☐ Fail ☐

	Ned, 19 – Australian
Wrong answers	0 ☐ 1 ☐ 2 ☐ 3 ☐
Hesitations	0 ☐ 1 ☐ 2 ☐ 3 ☐
	Pass ☐ Fail ☐

	Jessica, 23 – British
Wrong answers	0 ☐ 1 ☐ 2 ☐ 3 ☐
Hesitations	0 ☐ 1 ☐ 2 ☐ 3 ☐
	Pass ☐ Fail ☐

Notes

Your project Take the secret agent test!

• You are a judge: listen to the candidates, take notes and decide.

	........................, ... –			
Wrong answers	0 ☐	1 ☐	2 ☐	3 ☐
Hesitations	0 ☐	1 ☐	2 ☐	3 ☐
	Pass ☐	Fail ☐		

	........................, ... –			
Wrong answers	0 ☐	1 ☐	2 ☐	3 ☐
Hesitations	0 ☐	1 ☐	2 ☐	3 ☐
	Pass ☐	Fail ☐		

	........................, ... –			
Wrong answers	0 ☐	1 ☐	2 ☐	3 ☐
Hesitations	0 ☐	1 ☐	2 ☐	3 ☐
	Pass ☐	Fail ☐		

	........................, ... –			
Wrong answers	0 ☐	1 ☐	2 ☐	3 ☐
Hesitations	0 ☐	1 ☐	2 ☐	3 ☐
	Pass ☐	Fail ☐		

Notes

....

....

....

....

....

WE ARE FROM ALL OVER!

• Fill in your class chart and write the results.

I. A. ENTER 3C1

In our class (6e ……………), pupils or their family speak French and...
……………………………………………………
……………………………………………………
……………………………………………………
……………………………………………………
……………………………………………………
……………………………………………………

In our class (6e ……………) pupils or their parents speak French and …………… different languages.

…………… pupils in our class are bilingual.

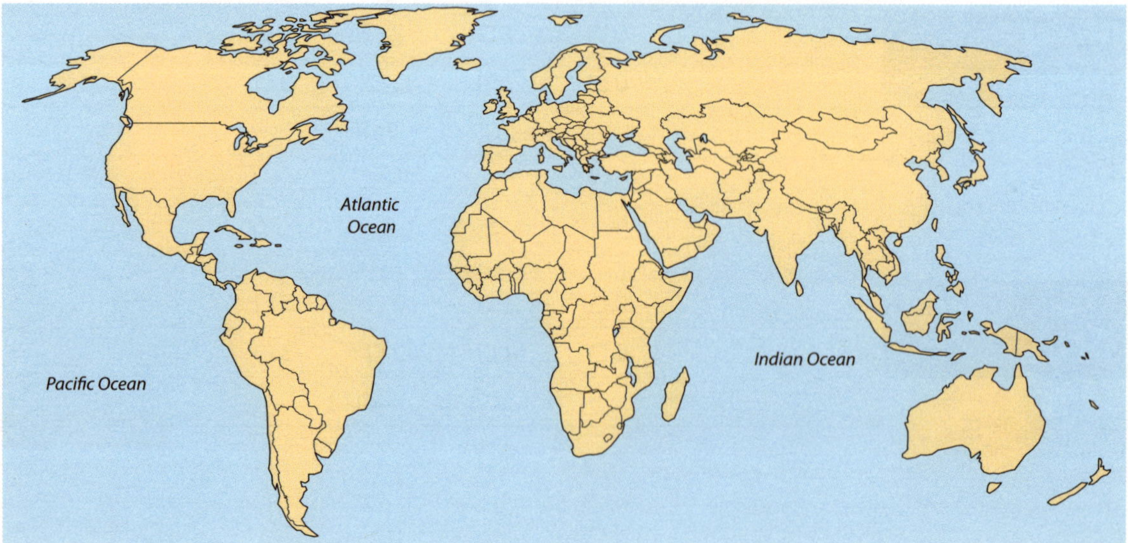

Notes

……………………………………………………………………

……………………………………………………………………

……………………………………………………………………

Pour améliorer mes performances

Je peux repérer un nom, un âge, une nationalité dans un dialogue.

1. Écoute les deux jeunes. Coche ce que tu apprends sur eux et entoure l'endroit d'où ils viennent sur la carte. **I. A. ENTER 3P1**

❏ Suzie	❏ Stacy	❏ Sally	❏ Harold	❏ Harry	❏ Henry
❏ 13	❏ 14	❏ 15	❏ 13	❏ 14	❏ 15
❏ 	❏ 	❏ 	❏ 	❏ 	❏ 

Avant d'écouter, prépare-toi : regarde bien la carte et lis le choix de réponses.

- Combien de renseignements as-tu repérés dès la première écoute ? ....
- De combien d'écoutes as-tu eu besoin pour réussir ? ....

Je sais poser des questions, répondre et réagir (nom, âge et nationalité).

2. Écoute Suzie et entraîne-toi à échanger avec elle, comme dans le dialogue de l'activité n° 1. **I. A. ENTER 3P2**

Respecte bien l'intonation descendante des questions en *wh-*.

- As-tu su inventer des réponses différentes pour varier ? ....
- As-tu poursuivi la conversation même avec des hésitations ? ....

Je peux dire mon nom, mon âge et ma nationalité.

3. Écoute chaque courte présentation et répète. **I. A. ENTER 3P3**

Amuse-toi à imiter les accents en exagérant vraiment.

- De combien d'écoutes as-tu eu besoin avant de réussir à répéter chaque présentation de mémoire ? Entre .... et ....
- Penses-tu que tu réussis bien à imiter les accents?
  ❑ Oui, très bien ❑ Oui, pas mal ❑ Pas très bien ❑ Je ne sais pas

Je peux comprendre différents types de questions (nom, origine, âge et nationalité).

4. Imagine que tu vas passer une semaine dans une école anglaise. C'est ton premier jour et, dans la cour, tu es assailli(e) de questions. Que vas-tu répondre ? Complète les réponses (nom, origine, âge) puis relie-les aux questions. **I. A. ENTER 3P4**

On répond avec une information (nom, lieu, âge,...) aux questions en *wh-*.

- De combien d'essais as-tu eu besoin pour réussir les associations ?
  ❑ Un seul ❑ Deux ou trois ❑ Plus de trois

Je sais écrire différents types de questions (nom, âge et origine).

5. Tu veux faire connaissance avec un(e) élève anglais(e). **I. A. ENTER 3P5**
Prépare à l'écrit au moins trois questions que tu pourrais lui poser.

....

....

....

....

....

....

....

....

....

Vérifie l'orthographe des mots interrogatifs :

What
How
Where

Compare avec les modèles de questions fournis dans l'exercice 4.

- As-tu suivi le conseil donné et corrigé tes questions à l'aide des modèles ? ....
- As-tu vérifié l'orthographe, les majuscules et la ponctuation ? ....

Notes

HALLOWEEN

1. To make a Jack o'Lantern, look at the photos p. 24 of your book. Now put the pictures in the right order and copy out the instructions:

Video ENTER 3C2

☐ 1 ....

☐ 2 ....

☐ 3 ....

☐ 4 ....

☐ 5 ....

☐ 6 ....

This is the way...

2. Listen to the song and number the pictures. **I. A. ENTER 3C3**

black cats howl ☐

witches fly ☐

ghosts go by ☐

night owls cry ☐

pumpkins laugh ☐

3. Sing along. Then invent your own lines!

This the way the werewolf

This is the way the

This the way the

SITUATION

4 PLAY FAIR!

Sports & games

1. Listen to the dialogues and tick the photos. **I. A. ENTER 4A1**

a

b

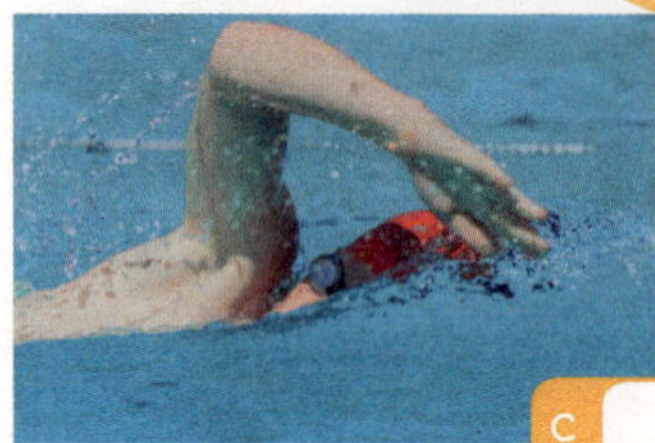
c

d

e

f

g

h

i

j

k

l

m

n

o

2. Now, read and match the words and the photos. **I. A.** ENTER **4A2**

Philip: Hey Dora, can you ski? d
Dora: Yes, I can. And you? Can you do rock-climbing?
Philip: Erm... No, I can't.

Amy: Hey Kyle, can you play tennis?
Kyle: Of course, I can! What about you? Can you play squash?
Amy: Yes, a little...

Dora: Hey Amy, can you swim?
Amy: Yes, of course I can!
Dora: And can you dive too?
Amy: Well, er... Yes, a little.

Kyle: Hey Philip, can you ride a horse?
Philip: Ride a horse? No, I can't! Can you?
Kyle: Yes! It's great!

Philip: Hey Amy, can you do paragliding?
Amy: Yes, I can.
Philip: Really? Wow!
Amy: Yeah! And you? Can you play badminton?
Philip: Yes, I can.
Amy: Cool!

Dora: Hey Philip, can you ice-skate?
Philip: Erm... Yes, a little. What about you? Can you play hockey?
Dora: Hockey? No, I can't!

Philip: I can play football but I can't play cricket.

Dora: I can't surf but I can snowboard.

Pour améliorer mes performances

Je peux repérer dans un court monologue ce que quelqu'un sait faire ou pas.

1. Écoute Jaimie. Entoure ce que son ami Rooney sait faire et barre ce qu'il ne sait pas faire.

I. A. ENTER **4P1**

Avant d'écouter, prépare-toi : regarde bien les illustrations et dis les mots correspondants à haute voix.

- As-tu été surpris(e) à l'écoute ? ....

  Avais-tu suivi le conseil donné ci-dessus ? ....

- De combien d'écoutes as-tu eu besoin pour réussir ? ❑ 1 ❑ 2 ❑ 3

Notes

....

....

....

....

....

Je peux parler de quelqu'un : dire ce qu'il/elle sait faire ou pas.

2. Écoute à nouveau Jaimie (exercice 1). Comme lui, parle de ton ou ta meilleure amie : explique ce qu'il/elle sait faire ☑ ou pas ☒.
Prépare-toi : écris des mots clefs ci-dessous, pas des phrases complètes.
Entraîne-toi à parler tout haut.

I. A. ENTER **4P2**

☑	☒
....	....
....	....
....	....
....	....
....	....

Can n'est pas accentué, on l'entend à peine alors que *can't* s'entend clairement.

Si tu hésites, fais-le en anglais :
er...
erm...
I mean...

- T'es-tu entraîné(e) jusqu'à parfaitement respecter les conseils fournis ci-dessus ? ....
- Combien de temps peux-tu parler ?
  ❑ 5 secondes ❑ 10 secondes ❑ 15 secondes ❑ Plus

Notes

Je peux repérer ce que quelqu'un sait faire ou pas dans un court dialogue.

3. Tania aimerait devenir monitrice dans un camp de vacances très sportif. Écoute le dialogue, remplis sa fiche de renseignements et coche ce qu'elle sait faire. **I. A. ENTER 4P3**

Avant l'écoute, lis l'affiche et repère chaque activité illustrée.

- As-tu été surpris(e) à l'écoute ? ....

  Avais-tu suivi le conseil donné ci-dessus ? ....

- De combien d'écoutes as-tu eu besoin pour réussir ? ❑ 1 ❑ 2 ❑ 3

Je peux présenter quelqu'un à l'écrit : ce qu'il/elle sait faire ou pas.

4. Tyler a aussi passé un entretien pour travailler au *Tahoe Extreme Sports Summer Camp*. Tu penses que c'est un très bon candidat. À partir de sa fiche, écris un petit texte pour le présenter. **I. A. ENTER 4P4**

And/And... too sert à ajouter,
But sert à opposer,
Or sert à alterner.

Tyler Gregson is .... and he is ....

Tyler can ....

....

....

....

....

- As-tu relu pour vérifier l'orthographe des mots ? ....
- Au test, sauras-tu réussir sans l'aide fournie ci-dessus ? ....

Je peux comprendre les règles d'un sport.

5. Lis ces phrases.
À quel(s) sport(s) s'appliquent-elles ?

I. A. ENTER **4P5**

tennis – baseball – boxing – football –
handball – ice hockey – rugby

Avant de lire les règles en anglais, visualise chacun des sept sports et pense aux règles que tu connais.

You mustn't touch the ball with your hands: ....

You mustn't touch the ball with your foot: ....

You must hit your opponent but you mustn't kick: ....

You must hit a puck  : ....

You must win points, games and sets to win the match: ....

You must hit a ball with a bat: ....

You mustn't hit or kick but you can tackle: ....

with : *avec*

- As-tu suivi le conseil ci-dessus ? ....
- Comment as-tu deviné le sens des mots que tu ne connaissais pas ?
  ❑ Connaissance des sports ❑ Logique
  ❑ Ressemblance avec le français

Je peux donner des instructions simples.

6. Regarde cette affiche : Leo prépare un tournoi de boxe et tu es son coach.

I. A. ENTER 4P6

1. eat meat and fish every day[1]
2. run in the park every morning
3. practise with your coach

4. eat biscuits or sweets
5. drink soda
6. watch TV all day[2]

1. *tous les jours*
2. *toute la journée*

mustn't = must+not. N'oublie pas le *t* entre le *s* et le *n*. Il s'écrit mais ne se prononce pas !

Explique-lui ce qu'il doit faire ou ne doit pas faire pour gagner.

You ……………………………………………………

You ……………………………………………………

You ……………………………………………………

You ……………………………………………………

You ……………………………………………………

You ……………………………………………………

- Combien de phrases as-tu réussies sans hésiter ? ……………
- Pour les autres tu as eu des problèmes de :

❑ Vocabulaire inconnu ou oublié ❑ Ordre des mots

❑ Oubli de mots ❑ Orthographe des mots ❑ Autre : ……………

Notes

……………………………………………………

……………………………………………………

……………………………………………………

NETBALL, A VERY POPULAR GAME

1. Watch the video. **Video** ENTER **4C1**

- What are the names of the players in netball? Link the two columns. Then draw the players' bibs. **I. A.** ENTER **4C2**

	• Keeper
Goal •	• Defence
Wing •	• Attack
Center •	• Shooter
	• Ø

2. Read and highlight everything you understand. Then explain in French. **I. A.** ENTER **4C3**

Characteristics of the game	
Contact	Limited
Team members	Seven on-court players per team
Mixed gender	Yes, separate or mixed gender teams
Type	Team sport, ball sport
Equipment	Netball, bib
Venue	Netball court

Netball is a non-contact sport: players mustn't touch the opposing player in possession of the ball. The players cannot walk or run with the ball. They mustn't keep the ball for more than three seconds.
To score a goal, the players must shoot the ball into the net, but not everyone can shoot. Only the goal shooter and the goal attack can shoot the ball into the net. They must be inside the goal circle to shoot.

SITUATION

5 LET'S MAKE FRIENDS!

A mindmap about likes and dislikes

1. Listen and tick the illustrations. **I. A.** ENTER **5A1**

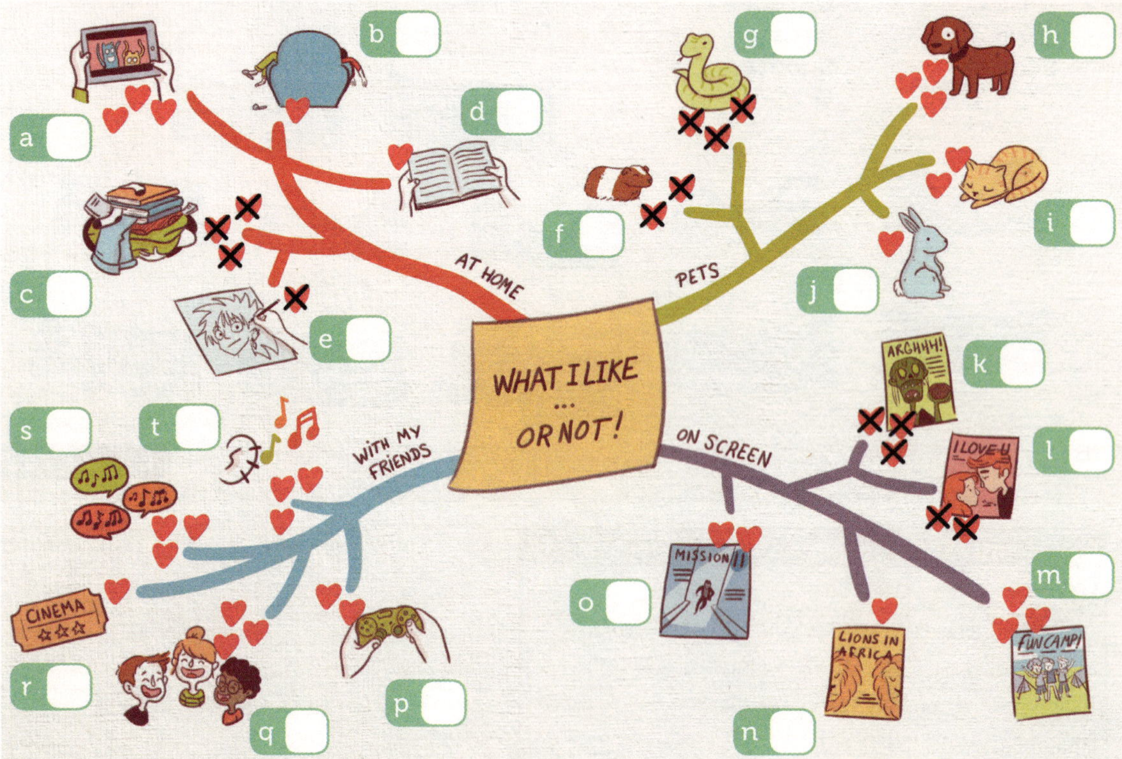

Notes

2. Now, read and match the words with the illustrations.

I. A. ENTER 5A2

TIM: At home, I like reading [d] or just... doing nothing [ ] and I love watching videos [ ] but I hate tidying my room [ ].

SARAH: What about drawing? Do you like drawing [ ]?
TIM: No, I don't. Too difficult!

TIM: I love having fun [ ] with my friends... listening to music [ ] and singing [ ], and I really like playing video games [ ] too.

SARAH: And do you like going to the cinema [ ] with your friends?
TIM: Yep... I do.

TIM: I hate snakes [ ] and I really don't like guinea pigs [ ]. Yick! But I just looove puppies [ ]! They're so cute!

SARAH: And rabbits? Do you like rabbits [ ]?
TIM: Yes, I do, and I really like kittens [ ] too.

TIM: I love comedies [ ] and I really like action films [ ] but I hate horror films [ ]. They're too scary!

SARAH: Do you like documentaries [ ]?
TIM: Yeah, I do...

SARAH: And what about love stories [ ]?
TIM: Oh no thanks... I really don't like love stories. Sooo boring!

Notes

Mollie's mindmap

3. Listen to Mollie. Take notes in the columns. **Video** ENTER **5A3**

✗❤ ✗❤ ✗❤	✗❤ ✗❤	✗❤

❤	❤❤	❤❤❤

- Now organise your notes: create the mindmap.
  Draw the big branches, then the small branches.
  Then draw the illustrations or write the activities. Don't forget the symbols: ❤ ✗❤ ...

Pour améliorer mes performances

Je peux repérer ce que quelqu'un aime ou non dans de courts monologues.

1. Écoute et numérote les illustrations dans le bon ordre puis écoute à nouveau et entoure le symbole correspondant à chaque situation.

I. A. ENTER 5P1

Avant d'écouter, prépare-toi : regarde bien les illustrations et dis les verbes correspondant aux symboles à haute voix.

- As-tu été surpris(e) à l'écoute ? ....

  Avais-tu suivi le conseil donné ci-dessus ? ....

- De combien d'écoutes as-tu eu besoin pour réussir ? ❑ 1 ❑ 2 ❑ 3

Je peux repérer ce que quelqu'un aime faire ou non dans un dialogue plus long.

2. Jeffrey veut offrir un cadeau à son correspondant australien Cooper mais il ne le connaît pas bien. **I. A. ENTER 5P2**
Écoute, barre ce que Cooper n'aime pas faire et entoure ce qu'il aime faire.
Quel cadeau Jeffrey va-t-il choisir ? Entoure-le.

Avant d'écouter, prépare-toi : regarde bien les illustrations. Quelles questions Jeffrey va t-il poser à Cooper ? Dis-en au moins 3 à haute voix.

- As-tu été surpris(e) à l'écoute ? ....

  Avais-tu suivi le conseil donné ci-dessus ? ....

- De combien d'écoutes as-tu eu besoin pour réussir ? ❑ 1 ❑ 2 ❑ 3

Je peux rédiger un court paragraphe sur mes goûts.

3. Mets-toi dans la peau de ces deux personnages et écris ce qu'ils disent en utilisant *and, but, or* et *too* au besoin. Puis rédige une ou deux longues phrases sur tes propres goûts.

I. A. ENTER **5P3**

Pour parler d'activités, on peut utiliser le nom verbal : V-*ing*

Pense à te servir de la Training Zone p. 111-113 pour vérifier la grammaire et le vocabulaire.

....

....

....

....

....

- As-tu relu en te demandant si ce que tu as écrit est logique ? ....
- As-tu vérifié l'orthographe ? ....
- As-tu soigné ton écriture, mis la ponctuation et les majuscules ? ....

Je peux interroger quelqu'un sur ce qu'il/elle aime faire.

4. Un(e) élève anglais(e) vient d'arriver dans ta classe. Tu l'as invité(e) chez toi samedi après-midi. Pense à des activités possibles (tu peux prendre des notes au besoin ou t'inspirer des illustrations) puis pose-lui au moins trois questions pour savoir si il/elle aime faire cela ou non. **I. A.** ENTER **5P4**

Notes

....

....

....

Respecte bien :
– L'accentuation des noms verbaux : ˈ*playing*.
– L'intonation montante des *Yes-No* questions.

....

....

....

....

....

- As-tu écouté les exemples fournis pour améliorer ta performance ? ....
- Quels sont tes points forts ? Coche ce que tu as réussi facilement ou assez facilement.
  - ❑ Trouver le vocabulaire
  - ❑ Dire les mots dans le bon ordre
  - ❑ Avoir un bon accent

Notes

....

....

....

....

....

....

Je peux dire ce que j'aime ou non et dire pourquoi.

5. Écris cinq phrases pour parler de tes goûts et les justifier. **I. A.** ENTER **5P5**
Tu dois utiliser les verbes suivants : *like* (affirmatif et négatif) – *love* – *hate*
Et les adjectifs suivants : *difficult* – *easy* – *boring* – *cute* – *scary*

Si tu veux insister ou t'exclamer, tu peux ajouter *so* ou *too* devant un adjectif :
It's difficult.
It's too difficult.
It's so difficult!

Tu peux toujours vérifier le sens d'un mot dans le dictionnaire sonore, sur le site.

- As-tu fait attention à ce que tes phrases soient logiques ? ....
- Au test, sauras-tu réussir sans l'aide de vocabulaire fournie ci-dessus ? ....

Notes

Je peux écrire une courte lettre ou un mail à un(e) correspondant(e).

6. Pour se faire des amis à l'étranger, il faut savoir se raconter… **I. A. ENTER 5P6**
Imagine que tu doives répondre à Alex, que lui écriras-tu ?

Send | Attached document | A

To: Hello@penfriend.com

Cc:

Subject: Hi!

Hello,
My name is Alex. I'm 12 and I live in a little village in Scotland. We have a big farm. I love animals. I have a dog, a cat, a canary, two fish and a horse! I love my horse! Do you have pets? Do you like horses? Can you ride?
I'm in year 7. I like science but I hate music class (I can't sing!). At home, I love listening to music and reading comics, but I hate tidying my room (sooo boring!).
Write soon! Your new friend,
Alex

Notes

Avant de rédiger, pense à tout ce que tu sais dire en anglais sur le sujet – ici, toi-même : nom, âge, nationalité, ce que tu sais faire ou non, ce que tu aimes ou non…

Sers-toi de la lettre d'Alex comme d'un exemple pour varier le vocabulaire et les types de phrases (affirmatives, négatives, interrogatives).

Rédige au crayon à papier pour pouvoir rectifier au besoin.

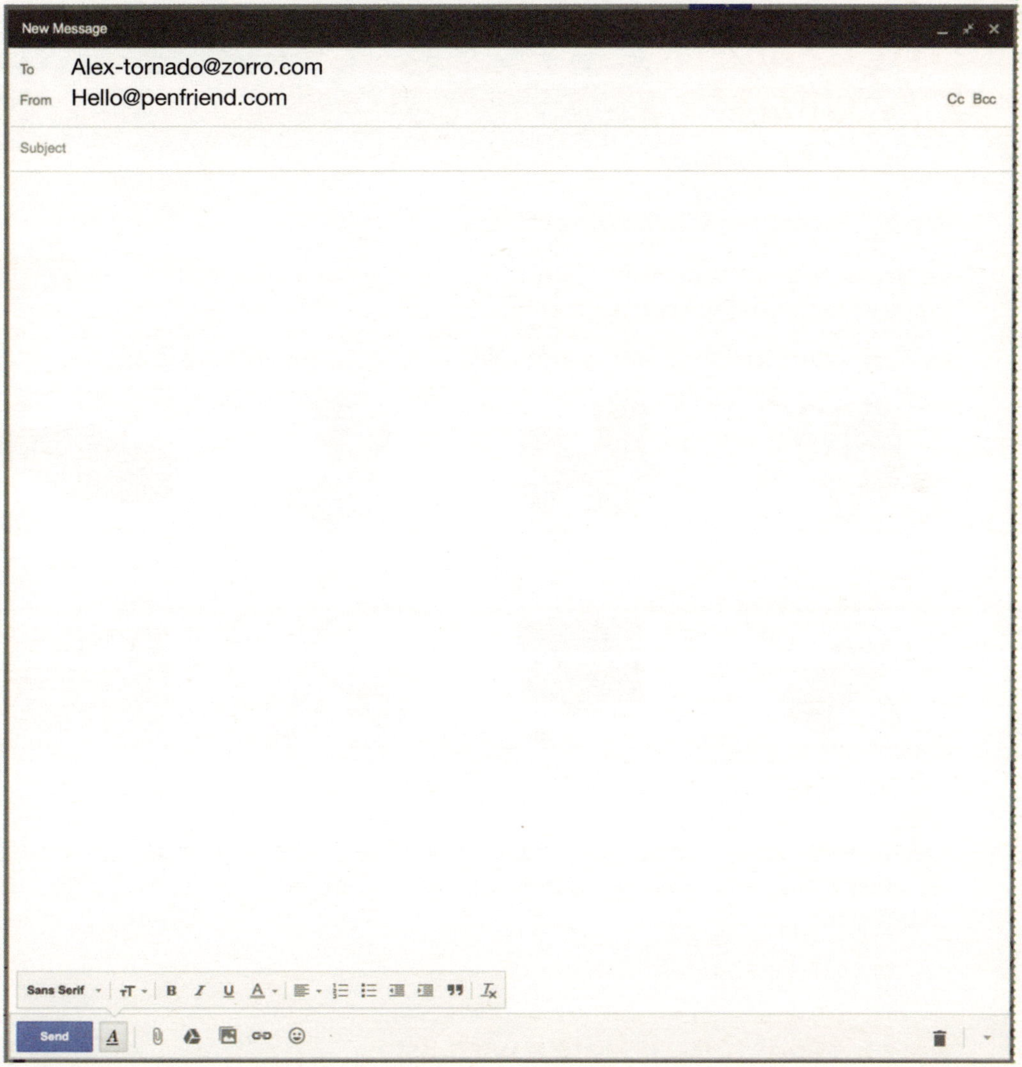

- As-tu réussi à varier le vocabulaire ? ....

  Le type de phrases ? ....

- As-tu relu pour vérifier l'orthographe des mots ? ....

  As-tu pensé aux lettres muettes ? ....

- As-tu vérifié les majuscules et la ponctuation

  pour que ton message soit plus facile à lire ? ....

Merry Christmas

What I want for Christmas

Video ENTER 5C3

- Look at the pictures, then listen to Jarrod and write J next to the presents he wants.
- Then, listen to Oliver and write O next to the presents he wants.

- Now read these words, then write them under the corresponding pictures.

Gooey stuff	Ferrari sports car	Games	Some Lego
MP3 player	Bike	Telly	Drivers' licence

- After that, listen again and check.

Now it's your turn to write a wish list

For Christmas, I'd like

You can illustrate your wish list with photos or drawings, and then film your own video, like Jarrod and Oliver!

Sing along to Christmas carols

I.A. ENTER 5C2

Jingle bells

Jingle bells, jingle bells, jingle all the way!
Oh, what fun it is to ride in a one-horse open sleigh
Jingle bells, jingle bells, jingle all the way!
Oh, what fun it is to ride in a one-horse open sleigh

Dashing through the snow
In a one-horse open sleigh
Over the fields we go
Laughing all the way
Bells on bobtail ring
Making spirits bright
What fun it is to ride and sing
A sleighing song tonight

Chorus

By Frank Sinatra

We wish you a Merry Christmas

We wish you a Merry Christmas,
We wish you a Merry Christmas,
We wish you a Merry Christmas and a Happy New Year.

Good tidings we bring to you and your kin
We wish you a Merry Christmas and a Happy New Year.

Oh, bring us a figgy pudding,
Oh, bring us a figgy pudding,
Oh, bring us a figgy pudding, and bring it right here.

We won't go until we get some,
We won't go until we get some,
We won't go until we get some, so bring it right here.

Chorus

By Pamela Conn Beall and Susan Hagen Nipp

What makes a traditional Christmas dinner? Find out!

- ☐ Dried fruit and nuts
- ☐ Broccoli
- ☐ Christmas pudding
- ☐ Brussels sprouts
- ☐ Sausages wrapped in bacon
- ☐ Boiled potatoes
- ☐ Roast turkey
- ☐ Stuffing
- ☐ Carrots
- ☐ Fruit trifle
- ☐ Roast potatoes
- ☐ Cranberries
- ☐ Gravy
- ☐ Mince pies
- ☐ Christmas cake

Learn how to make mince pies.

Video ENTER **5C4**

Watch the recipe and number these instructions in the right order.

- ☐ Spoon the mincemeat into the pastry cases.
- ☐ Mix in the egg.
- ☐ Put the lids on top.
- ☐ Cut out the pastry cases and the lids.
- ☐ Stir the pastry until it forms a ball.
- ☐ Roll the pastry.
- ☐ Bake for approximatively 30 minutes.
- ☐ Sieve the flour through.
- ☐ Cut the butter into pieces.
- ☐ Rub the butter into the flour.
- ☐ To serve, lightly dust with icing sugar.

MINCE PIES

INGREDIENTS

225g / 8oz cold butter
350g / 12oz plain flour
1 small egg
280g / 10oz mincemeat
Icing sugar (to dust)

MAKE THE PASTRY

Sieve the flour through.

Cut the butter into small pieces.

Rub the butter into the flour.

Mix in the egg (and a pinch of salt + a spoonful of sugar if you like).

Stir the pastry until it forms a ball (don't add any liquid).

Preheat the oven to 190°C.

MAKE THE PIES

Roll the pastry.

Cut out the pastry cases and the lids.

Spoon the mincemeat into the pastry cases.

Put the lids on top.

Bake for approximatively 30 minutes.

To serve, lightly dust with icing sugar.

The pies will keep for 3 to 4 days in an airtight container.

SITUATION

6 LUNCHTIME STORIES

I. A. ENTER 6A2

1. What's in these lunch boxes?
Recompose the menus: pick the 3 parts (1 to 5 / a to e / A to E)

1. a peanut butter sandwich
2. some ham and cheese rolls
3. two rice balls
4. ham and cheese sandwich
5. a hamburger and some pudding

A carrots with mayonnaise and black olives
B some broccoli, and an apple
C a banana
D carrot and cucumber sticks
E crackers with cream cheese

a some cheese and an orange
b some crunchy chicken
c some popcorn
d some pudding
e some fruit, peach

- Choose the lunch box you prefer and copy the menu:

....

....

....

2. Play a memory game about packed lunches and score points for your group.
Complete the sentences: **has** or **doesn't have**? Then, check with the class and get points.

I. A. ENTER 6A4

a. Chantelle .... two sandwiches; she .... two yogurts.

b. Emily .... some grapes; she .... an orange.

c. Lucy .... biscuits; she .... a chocolate bar.

d. Hannah .... lemon jelly; she .... strawberry jelly.

Notes

....

....

....

....

....

....

....

....

....

....

3. More lunch stories in Olivia's blog: read step by step. **I. A. ENTER 6A5**

a. Have a good look at the pics and highlight the description of the lunch boxes.

b. Read the posts again and underline all the words you understand.

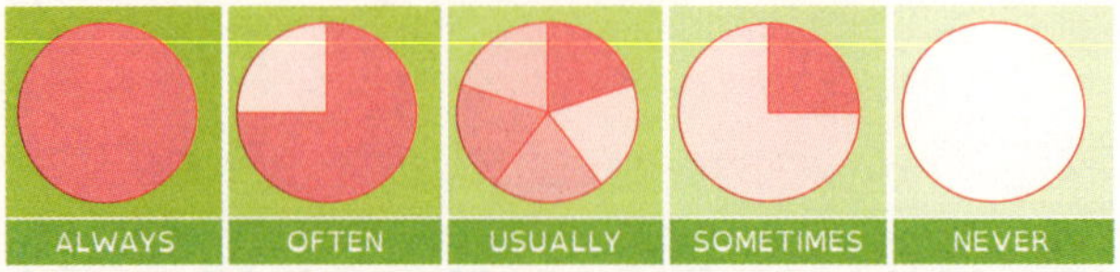

Olivia's blog

1001 lunchtime stories

From Sharlene in Johns Creek, Georgia, USA

At my school we have a cafeteria, but I prefer to bring my lunch.
My best friend always brings a packed lunch too so we eat outside together. In my lunch box today there are chicken nuggets, some chips and my favorite dessert, a chocolate donut.

From Mason in Blenheim, New Zealand

Here in New Zealand, we always make our lunches at home.
Every day I take my lunch to school in a lunch box. Sometimes, I make it myself but Dad often makes it for me.
There's usually a sandwich, a yogurt and some fruit, and something for the afternoon snack.

From Halim in Warton, England

I never eat the school dinners. I always take a packed lunch to school and here is a picture of today's. I love my veg, so I usually eat the salad or veg first and then I have my sandwiches. I always save something for the afternoon break – the chocolate bar or some biscuits.

c. Read these long sentences and circle: *"and", "and then", "but", "so".*
Underline the groups: subject + verb.

E.g.: [At my school we have a cafeteria,] but [I prefer to bring my lunch.]

My best friend always brings a packed lunch too so we eat outside together.

Sometimes I make it myself but Dad often makes it for me.

I always take a packed lunch to school and here is a picture of today's.

I love my veg, so I usually eat the salad or veg first and then I have my sandwiches.

TIP Pour ne pas te perdre dans les longues phrases, repère les mots qui connectent plusieurs propositions entre elles.
and = pour ajouter
and then = pour marquer une succession
but = pour opposer
so = pour exprimer une conséquence

Your project Send a post to Olivia's blog

• **Step 1** Use the models in Olivia's blog and write a description of your lunch.

I. A. ENTER 6A6

a. Look at your lunch photo or drawing and think of words in English!

Notes

....

....

b. Read the examples and observe the colour-code, then write *your* words in the columns below.

in this lunch box there are some ham and cheese rolls / and / there's some popcorn and an orange too.

in this lunch box there's a sandwich / and / there are crackers with cream cheese.

There are	There is	
some / Ø	a / an	some / Ø
....	....	....
....	....	....
....	....	....

c. Write a description of your lunch.

For lunch, ...

....

....

....

d. Swap workbooks with your neighbour and check:

There is – there are... are OK. ❑

Oops, there's a problem: ....

Some – a – an – Ø... are OK. ❑

Oops, there's a problem: ....

• **Step 2** Write about lunchtime in your school, family, country. **I. A. ENTER 6A7**

a. First, write short sentences using the models.

Examples	Colour code
Here in New Zealand, we always make our lunches at home.	people
At my school we have a cafeteria.	places
My best friend always brings a packed lunch.	verbs
Dad often makes it for me.	adverbs

....

....

....

....

....

....

....

b. Link some sentences two by two.

E.g.: {My best friend always brings a packed lunch} so {we eat outside together.}

{ .... } ....

{ .... }

{ .... } ....

{ .... }

c. Swap workbooks with your neighbour and check:

The words are in the correct order. ❑

Oops, there's a problem: ....

The verbs are ok. ❑

Oops, there's a problem: ....

• **Step 3** Create your post.

I. A. ENTER 6A8

Olivia's blog

1001 lunchtime stories

Pour améliorer mes performances

Je peux repérer le vocabulaire de la nourriture dans de courts monologues.

1. Chacun des personnages (A, B, C, D, E, F) ci-dessous parle d'un menu ou d'une recette. Qui parle de quels aliments et boissons ? Écoute et note les lettres des personnages comme dans l'exemple. **I. A. ENTER 6P1**

Avant l'écoute, lis à haute voix la liste ci-dessous.

Ne panique pas si tu ne comprends pas tout.

- T'es-tu préparé(e) avant l'écoute comme conseillé ci-dessus ? ....
- Combien de fois as-tu réussi en 1 ou 2 écoutes seulement ? ....

Je sais dire des phrases simples pour informer.

2. Tu as invité un(e) ami(e) à déjeuner avec toi.
Tu vas dans la cuisine et tu lui dis ce qu'il y a à manger et à boire pour, à la fin, lui demander ce qu'il/elle veut : *What do you want?*

I. A. ENTER 6P2

Observe bien la photo et pense à tout le vocabulaire dont tu auras besoin.

Repère les cas où tu passeras au pluriel : *There are...*

Pense à prononcer le *"s"* du pluriel.

Notes

• As-tu suivi les conseils donnés pour préparer ta prise de parole ? ....

• As-tu réussi à offrir un large choix à ton ami(e) ?
❑ Oui, très large ❑ Oui, assez large ❑ Non, j'avais oublié du vocabulaire

Je peux comprendre un court article simple sur la vie quotidienne.

3. Lis cet article au moins deux fois, en soulignant tout ce que tu comprends. Imagine dans ta tête la journée de Katie, puis fais les activités ci-dessous. **I. A.** ENTER **6P3**

Pupils from around the world

Katie is Irish, from Dublin. She is a boarder: she lives at school. In the morning, breakfast is at 7:45. There are eight classes every day — five on Saturday mornings. Dinner is at 6p.m. in the large dining hall. They usually have meat or fish, vegetables, cheese or yogurt, fruit or pudding. From 7p.m. to 9p.m. it is homework time. Then Katie can relax — she usually reads or plays games, sometimes she watches series on TV. Bedtime is at 10:30p.m. but Katie and her friends often chat until 11:00!

a. Tu peux deviner le sens des mots :

– qui ressemblent au français ou sont des mots anglais qu'on utilise en français. Notes-en deux ou trois.

....

....

– grâce à ce qui suit ou précède dans le texte et en réfléchissant.

She is a boarder: Elle est .... puisqu'elle .... à l'école.

They chat until 11:00: Elles bavardent .... 11h.

– qui sont composés de mots connus ou proches du français, comme :

Dining hall   Homework time   Bedtime

....

b. Maintenant, lis les affirmations ci-dessous et coche Oui, Non ou ND (= Non Dit). Puis relis l'article pour vérifier ou compléter tes réponses.

	Katie		
	Oui	Non	ND
Elle a classe cinq jours par semaine.			
Elle mange du fromage au petit-déjeuner.			
Elle dort à l'école.			
Dans son école les cours commencent à 8 heures.			
Elle a deux heures de travail personnel tous les soirs.			
Elle passe du temps avec ses amies le soir.			
Ses après-midis sont consacrés au sport.			
Elle regarde parfois des séries.			
Elle a souvent l'occasion de lire.			
Elle a des horaires fixes pour ses repas, loisirs, travail, etc.			

- Combien de réponses justes as-tu obtenues ? ……………………
- Surligne dans l'article tous les mots inconnus dont tu as su deviner le sens.

Notes

Je sais présenter quelqu'un à l'écrit (sa vie quotidienne).

4. À ton tour de rédiger un petit article sur la vie quotidienne d'un élève. Lis chaque information fournie ci-dessous et fais-en une phrase complète. **I. A. ENTER 6P4**

a) Franz, 12, Germany

b) School: 7:55 – 1:05

c) lunch – home

d) fish – cheese

e) basketball – Mondays & Fridays +
piano lessons – Tuesdays

f) in the evening – – music

Sers-toi des modèles de phrases dans l'article de l'exercice 3.

Entoure le "s" de la troisième personne du singulier au présent simple pour vérifier que tu ne l'as pas oublié.

- As-tu relu pour vérifier l'orthographe des mots et les accords ?
- Quels sont tes points forts ? Coche ce que tu as réussi facilement ou assez facilement.
  - ❑ Trouver le vocabulaire
  - ❑ Respecter l'ordre des mots
  - ❑ Penser aux prépositions

AT THE SCHOOL RESTAURANT

1. Watch the video and listen to Kevin, the chef manager. Number the parts of his speech.

Video ENTER 6C1

Part n° ....: three options
Part n° ....: today's menu
Part n° ....: the restaurant area
Part n° ....: the freshness of the foods

2. Read the menu. Watch part 2 and listen to Kevin: highlight the words when he says them.

Menu 27th June

Stir-fried Chicken and Duck Breast
Crisp Mixed Veg
Sweet and Sour Sauce
Rice

Grilled Salmon
Pasta Vegetale
Mixed Salad

Apple crumble and Custard

Fresh Summer Fruit Salad served with cream

£2.70

3. Look at the illustrations and listen to Kevin in part 4. Then write the three options:

....

....

....

SITUATION 7

WELCOME TO GUILDFORD

1. Listen and circle the places that the kids recommend. **I. A. ENTER 7A1**

....

....

....

....

....

....

....

....

....

2. Copy the names under the correct places. **I. A. ENTER 7A2**

a park – a swimming-pool – an ice-rink – a toy shop – a rowing club – a bookshop – a pet shop – a bowling alley – a castle

3. Act out the scene!

I. A. ENTER 7A3

Notes

LIAR, LIAR! PART 2
Hey Mum, can we go to the mall? It's Scarlet's birthday next week...
6
Oh, I'm sorry, love! I can't! I'm busy...
What do you mean you're busy? What are you doing??
7
Well, you see your brother and I... we're going bowling...
What!! Wait... you're going bowling?... But... what about me? Can I come??
8
No Sally, you can't! Look! You're walking the dog!
Have fun!...
THE END
9

Notes

Play the good excuses game.

4. Pupil 1: ask a friend in the class for help.
Pupil 2: give a good excuse. Use these ideas or invent your own excuses. **I. A. ENTER 7A4**

learn a maths lesson

Planning a birthday party.

5. Listen carefully, fill in Sally's agenda and score points for your group. **I. A. ENTER 7A5**

< Next week >	Monday	Tuesday	Wednesday	Thursday	Friday	Saturday
all day						
12:00 am						
1:00 pm						
2:00 pm						
3:00 pm						
4:00 pm						
5:00 pm						
6:00 pm						

Your project Meet your friends and have fun!

I. A. ENTER 7A7

- It's half-term next week. Fill in your planner for the holiday! Choose at least 3 activities in the helpbox (or choose your own ideas) and put them in your planner.

go to – the fun park / the ice rink / the swimming-pool...
play – baseball / hockey...
visit – grandparents / cousin...
have – a piano / maths / tennis... lesson
help – dad / mum... – in the garden / around the house...
look after – my cousin / baby sister...

	Monday	Tuesday	Wednesdays	Thursday	Friday	Saturday
	20	21	22	23	24	25
8						
9						
10	dentist's					
11						
12						
13						
14						
15						
16						
17						
18						

Notes

....

....

....

To do list

❑ .... ❑ ....

❑ .... ❑ ....

❑ .... ❑ ....

Learn better, get better

Listen and tick the correct expressions. Use a pencil !

I. A. ENTER 7L3

- Hi! Where are you? ☐
- Hi ! What's up? ☐

- Are you in? ☐
- Are you free? ☐
- How's Tuesday? ☐
- What about Tuesday? ☐
- Why not Tuesday? ☐

- Wait a sec... ☐
- Wait a minute... ☐
- Let me think... ☐
- Depends... ☐
- I'm not sure... ☐

- Bummer! ☐
- Just great! ☐
- Come on! ☐

- Take it easy! ☐
- Calm down! ☐

- Brilliant! ☐
- Great! ☐
- Fine! ☐

- I can't believe it! ☐
- Are you kidding? ☐

Pour améliorer mes performances

Je peux repérer dans de courts dialogues ce que les gens disent pour se justifier.

1. Écoute 3 conversations. Dessine schématiquement dans les bulles ce que chacun est occupé à faire.

I. A. ENTER **7P1**

Avant d'écouter, prépare-toi : imagine déjà la demande, ainsi tu pourras mieux te concentrer sur la réponse.

- As-tu été surpris(e) à l'écoute ? ....

  Avais-tu suivi le conseil donné ci-dessus ? ....

- De combien d'écoutes as-tu eu besoin pour réussir ? ❑ 1 ❑ 2 ❑ 3

Je peux dire ce que quelqu'un fait pour expliquer, justifier, organiser…

2. Observe les illustrations. Tout le monde est très occupé chez toi. Note dans les encadrés ce que chacun fait, puis tiens-toi prêt(e) à répondre aux questions.

I. A. ENTER **7P2**

He is fixing his car.

……………………………

……………………………

……………………………

Choisis le bon adjectif possessif !
Dad/he
→ his car
Nina/she
→ her room
Fred and George/ they
→ their homework

À l'oral, respecte bien l'accentuation des noms verbaux : *'fixing*

- As-tu choisi le bon adjectif possessif ?
- Quels sont tes points forts ? Coche ce que tu as réussi facilement ou assez facilement.
  - ❑ Trouver le vocabulaire
  - ❑ Dire les mots dans le bon ordre
  - ❑ Avoir un bon accent

Je peux comprendre un échange à débit lent sur un sujet du quotidien.

3. Stanley appelle son amie Maria. Écoute leur conversation pour savoir ce qu'ils décident de faire et quand. Prends des notes, puis organise-les et explique en français ce que tu as compris. **I. A.** ENTER **7P3**

Notes

Note seulement les mots essentiels : ils sont accentués (personnes – actions – moments – lieux)

Entre les écoutes, fais le point : sur quoi dois-tu te concentrer ? Quelles informations te manquent encore ?

- As-tu compris pourquoi Stanley téléphone et l'emploi du temps de Maria ?

- De combien d'écoutes as-tu eu besoin pour réussir ? ❑ 1 ❑ 2 ❑ 3

Notes

Je peux mener un échange écrit pour fixer un rendez-vous.

4. Daniel demande de l'aide à son amie Clara pour un exposé *(a history project)*. Il lui propose plusieurs dates.
Écris ses questions en fonction des réponses de Clara.

I. A. ENTER 7P4

Daniel
Hi it's me Daniel.
....
....

Clara
Sorry, I can't! I'm making a cake...

Daniel
....
....

Clara
No Daniel, sorry again! I can't on Wednesday, I'm going rowing with Jordan!

Daniel
....
....

Clara
Friday's great!

Daniel
....
....

Pense à varier tes manières de proposer.
- Are you free today / this morning / this afternoon / tomorrow / on ...?
- How's ...? / What about ...?

N'oublie pas la majuscule aux jours de la semaine

- As-tu su réagir aux refus et proposer d'autres dates ? ....
- As-tu su varier tes manières de proposer ? ....

Je peux participer à une conversation pour fixer un rendez-vous.

I. A. ENTER 7P5

5. Une amie a besoin de ton aide pour un exposé *(a science project)* mais tu es occupé(e) aux deux premières dates qu'elle te propose. Tu dois donc refuser mais sois poli(e) : justifie-toi ! Accepte la troisième date.
Pour te préparer avant de participer à l'échange enregistré, entoure 4 activités et dis-les à haute voix.

À l'oral respecte bien le rythme des phrases : ce sont les mots essentiels que l'on entend le mieux ! Les autres doivent presque « disparaître » !

- As-tu su dire que tu étais désolé(e) et le montrer grâce à ton intonation ?
- As-tu su te justifier ?

Notes

Je peux écrire un court message pour organiser une fête.

6. Tes amis et toi voulez aller à la patinoire pendant les vacances. Sers-toi de tes notes pour leur écrire un mail groupé. Tu expliques les dates qui ne conviennent pas et pourquoi et tu indiques la date qui est retenue ! **I. A.** ENTER **7P6**

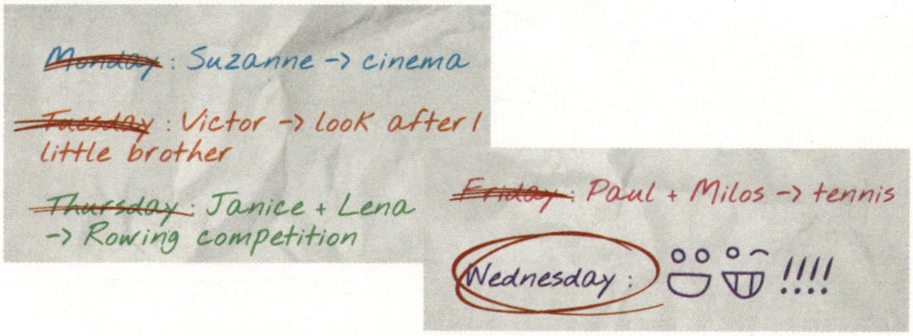

Pour s'organiser, expliquer, justifier, on a besoin du présent *be + -ing*. Training zone p. 118.

Victor, Lena and 4 others + New Message

Hi everyone, 4:23 p.m.

So about the ice-rink next week, here's what's happening:

We can't go on Monday because Suzanne is going to ……………

…………………… . We can't go ……………………

……………………………………………………

……………………………………………………

……………………………………………………

……………………………………………………

……………………………………………………

……………………………………………………

So, we …………………………………… and that's final!

……………………………………………………

- As-tu réussi à rendre compte des occupations de chacun ? ……………
- Quels sont tes points forts ? Coche ce que tu as réussi facilement ou assez facilement : ❑ Trouver le vocabulaire ❑ Respecter l'ordre des mots ❑ Respecter l'accord de l'auxiliaire *be*

London

1. Look at the sights of London (book, p. 56-57). Fill in the boxes. **I. A. ENTER 7C1**

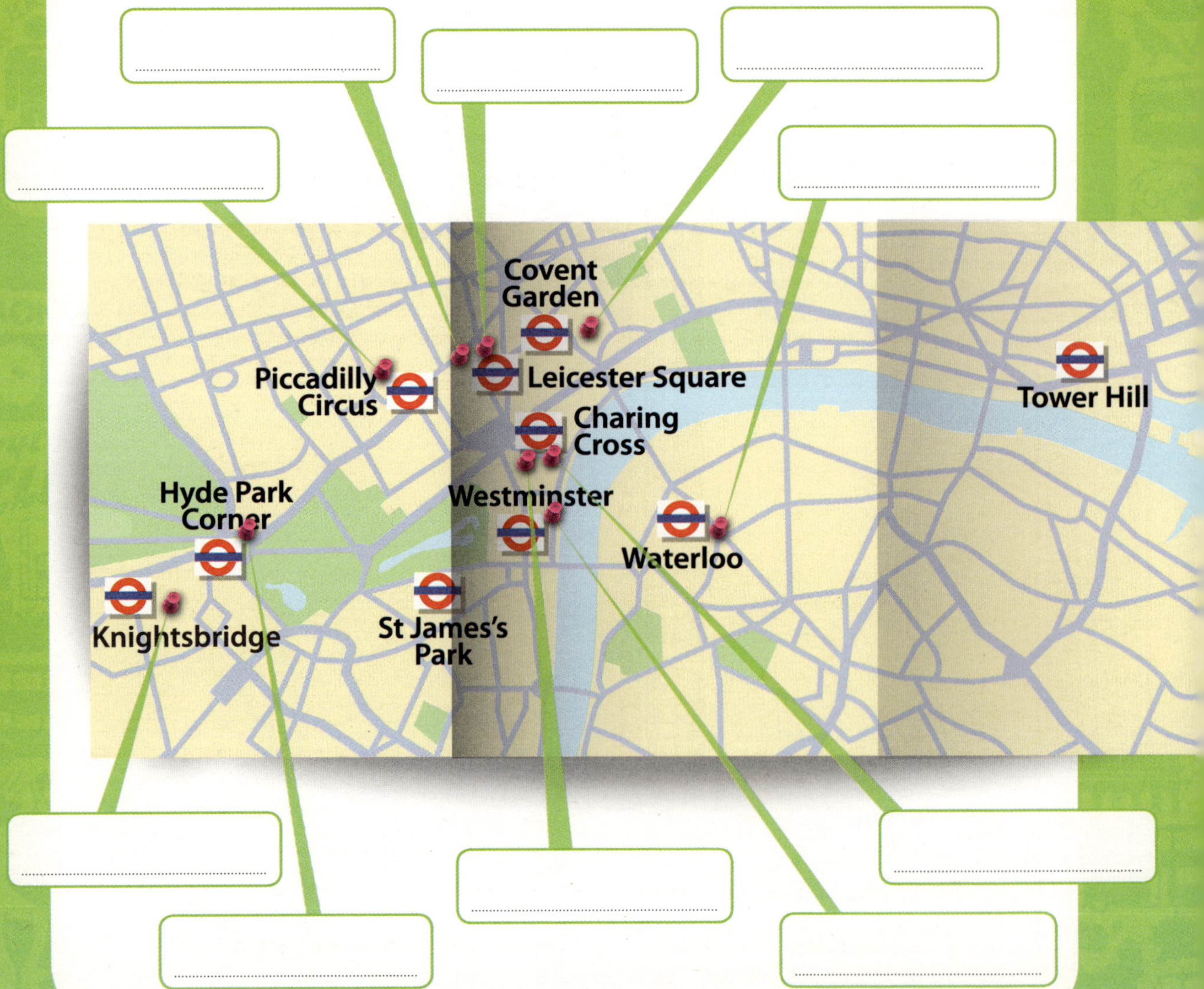

2. Learn to understand and give directions. I. A. ENTER 7C2

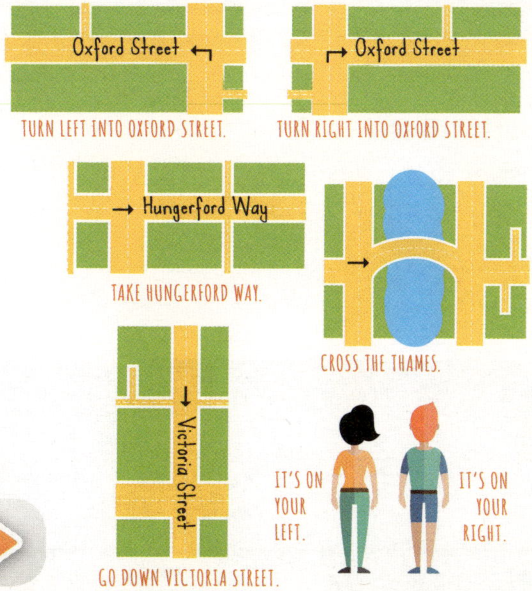

3. Find your way around! I. A. ENTER 7C3

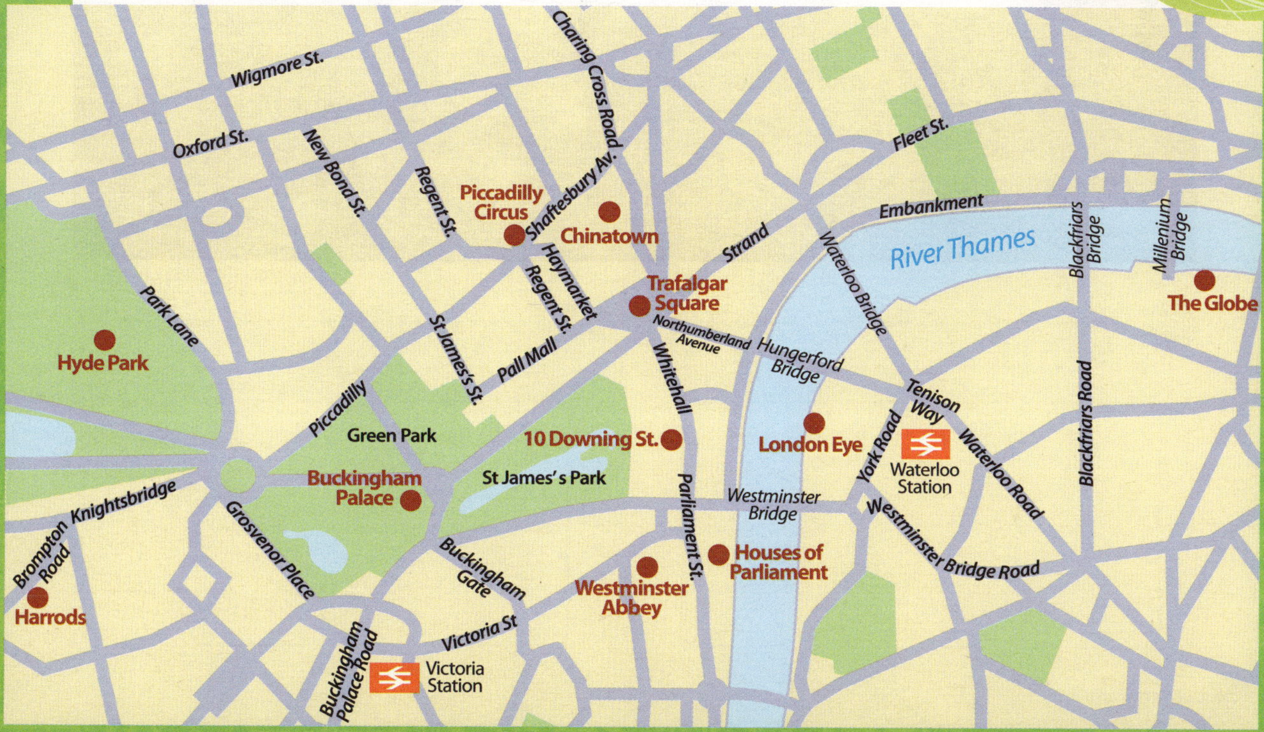

SITUATION 8

ONCE UPON A TIME

Descriptions

1. Listen to the descriptions and write the names of the corresponding characters.

I. A. ENTER 8A1

Pickle	Boar	Zora	Brook	Flint	Flextra

a

....

....

....

....

b

....

....

....

....

c

....

d

....

e

a square face

f

....

Now, copy the right words for each character.

a big nose	a small nose	green eyes	huge feet
a small mouth	small feet	tall and thin	tiny and fat
thick hair	blond hair a round face	short curly hair	bald
long straight hair	small hands	tall and strong	a thin face
big brown eyes	a big mouth	huge hands	a square face
short brown hair		small teeth	

2. Now, listen and anwer the questions! Who is it? I. A. ENTER 8A2

1	2	3	4	5
Flint				
6	7	8	9	10
11	12	13	14	15

Classic fairy tales

3. a. Read the text and underline everything you know, understand or recognize.

I. A. ENTER 8A3

b. Circle all the elements that are illustrated in the picture.

The typical fairy tale princess is a pretty young girl. She can sing like a bird and she is extremely kind and sweet to everyone. She never screams because she is never angry. Her hair is long and her eyes are dreamy. She has a tiny nose and delicate little hands.
She always wears elegant dresses. She is slim and very vulnerable so she can't defend herself.
When she is in danger, she just waits for help!
She is the "damsel in distress".

Notes

c. Write the words under the corresponding pictures.

She can sing like a bird and she is extremely kind and sweet to everyone.

She never screams and she is never angry.

....

....

d. Now highlight parts of the text in different colours:

- her personality: in green;
- her physical description and clothes: in blue;
- her actions or attitudes: in yellow.

4. a. Read the text and underline everything you know, understand or recognize.

I. A. ENTER 8A4

b. Circle all the elements that are illustrated in the picture.

The typical fairy tale prince is a handsome young man. He can ride horses and he is amazingly brave in every situation. He fights dragons, witches and all sorts of dangerous creatures and he is never scared. He is tall and strong with beautiful thick hair. He always wears high boots and a red or black costume. When a damsel is in distress, he gallops to her rescue! He is so charming on his white horse!
He is "Prince Charming".

Notes

c. Write the words under the corresponding pictures.

He fights dragons, witches and all sorts of dangerous creatures and he is never scared. When a damsel is in distress, he gallops to her rescue!

....

....

....

....

....

....

d. Now highlight parts of the text in different colours:

- his personality: in green;
- his physical description and clothes: in blue;
- his actions or attitudes: in yellow.

5. a. Read the text and underline everything you know, understand or recognize.

I. A. ENTER 8A5

b. Circle all the elements that are illustrated in the picture.

The typical fairy tale baddie is an ugly old monster. He is always hungry and he is horribly cruel and mean to everyone. He doesn't speak but growls or groans or grumbles because he is always grumpy. He is incredibly big, fat and strong. That's why he is very scary. His teeth are dirty and his feet are smelly. He has revolting warts on his huge nose. He can smell you at a distance, catch you and eat you up. Beware! He is "the ogre".

c. The Ogre is the opposite of Prince Charming and the Princess. Find opposite sentences in the text and write them.

a. The Princess never screams.

≠ The ogre .... or .... or ....

b. The Prince is a handsome young man. ≠ The ogre ....

c. The Princess is extremely kind and sweet to everyone.

≠ The ogre ....

d. The Princess is never angry. ≠ The ogre ....

d. Now highlight parts of the text in different colours:

- his personality: in green;
- his physical description and clothes: in blue;
- his actions or attitudes: in yellow.

Your project **Revisit a typical character**

- **Step 1** Pick a fairy tale character, a superhero or heroine, a supervillain or supervillainess, or one of these typical "heroes": a spy, a witch, a fairy...

....

- Note down keywords about: physical description, home, clothes and accessories, personality, actions... Remember, your character can be typical... or not!

....

....

....

....

- **Step 2** Now, write your draft. Don't forget to give a name to your character!

....

....

....

....

....

....

....

....

....

....

....

- Read your text and make it better! Here are some suggestions.
  – Use adverbs *(very, extremely, amazingly, incredibly, horribly...)*.
  – Make comparisons: *Just like a... / Unlike a...*
  – Give a reason with *"because..."* / or consequence with *"so"*.

- **Step 3** Create your poster: don't forget to illustrate your text! Put it up on the classroom wall!

Pour améliorer mes performances

Je peux comprendre un message simple, concret et lent (description).

1. Écoute ces deux annonces de la police. Parviendras-tu à arrêter (en les encerclant) les deux complices en fuite dans la gare de Saint Pancras, à Londres ? **I. A. ENTER 8P1**

Notes
....
....
....
....
....
....
....

Avant de te lancer dans l'écoute, observe bien toutes les personnes en pensant à tout le vocabulaire descriptif que tu connais.

 glasses

- Pour toi, les annonces étaient :
  ❑ Trop lentes ❑ À la bonne vitesse ❑ Trop rapides
- De combien d'écoutes as-tu eu besoin pour réussir pour l'annonce 1 ? ....

  Et pour la 2 ? ....

Notes
....
....
....
....

Je peux rédiger des descriptions simples et courtes.

2. Alison et Alistair sont jumeaux mais ils ne se ressemblent pas ! Fais 3 phrases pour décrire chacun et expliquer ce qui t'étonne le plus ! Tu peux parler de leurs cheveux, de leurs yeux, leur taille, leurs goûts, etc.

I. A. ENTER **8P2**

Pense à conjuguer les verbes à la troisième personne du singulier.

Relis et encadre-les pour vérifier.

....

....

....

....

....

....

....

- As-tu suivi le conseil ? ....
- As-tu réussi à écrire ce que tu voulais ?
  ❑ Oui ❑ À peu près ❑ Pas vraiment

Notes

....

....

....

Je peux comprendre l'essentiel de textes descriptifs simples et courts.

3. Lis la description de She-Hulk pour compléter la carte de rôle, à l'aide de notes extraites du texte. **I. A.** ENTER **8P3**

She-Hulk

Her real name is Jennifer Walters. One day she receives an emergency blood transfusion from her cousin Dr Bruce Banner and the consequences are remarkable!

When Jennifer is angry, she turns into a green monster: She-Hulk! She-Hulk is very tall and she has green skin, long green hair and black eyes. She has amazing powers such as superhuman speed and agility. Like Hulk she is also extremely strong: she can knock down walls with her fists! But unlike Hulk she retains her emotional control and her intelligence.

Real name: ....

Physical description: ....

....

....

....

Powers and abilities: ....

....

....

Commence toujours par souligner tout ce que tu comprends, connais ou reconnais.

Ne t'inquiète pas si tu ne comprends pas tout !

- As-tu suivi le conseil ci-dessus ? ....
- Tu as l'impression d'avoir compris : ❑ Presque tout, facilement ❑ L'essentiel, facilement ❑ L'essentiel, en y réfléchissant

Je peux lire un texte descriptif et deviner le sens de mots inconnus.

4. Relis le texte sur She-Hulk, p. 86, retrouve les mots ci-dessous et devine leur sens.

I. A. ENTER **8P4**

Propose une traduction et entoure la ou les méthodes que tu as utilisées pour deviner.

receives ressemble au verbe français « recevoir ».

Méthode(s) utilisée(s) : (A) B C

blood ....

Méthode(s) utilisée(s) : A B C

speed ....

Méthode(s) utilisée(s) : A B C

knock down She-Hulk est comme Hulk, je sais que Hulk détruit tout, je pense que « Knock down walls » veut dire démolir des murs !

Méthode(s) utilisée(s) : A (B) (C)

Face à des mots nouveaux dans un texte, l'important c'est de ne pas paniquer !

Voici 3 méthodes pour t'en sortir :

- **A** Regarde si le mot ressemble à un mot français.
- **B** Devine d'après ce que tu sais du sujet (ici Hulk et She-Hulk).
- **C** Devine grâce aux mots qui viennent avant et après dans la phrase.

Bref, sois logique !

Pense à la langue des Schtroumphs !

fists ....

....

....

Méthode(s) utilisée(s) : Ⓐ Ⓑ Ⓒ

retains ....

....

....

Méthode(s) utilisée(s) : Ⓐ Ⓑ Ⓒ

Ⓐ Regarde si le mot ressemble à un mot français.

Ⓑ Devine d'après ce que tu sais du sujet (ici Hulk et She-Hulk).

Ⓒ Devine grâce aux mots qui viennent avant et après dans la phrase.

Maintenant peux-tu expliquer en français les différences entre Hulk et She-Hulk ?

....

....

....

....

....

- Quels sont tes points forts pour deviner le sens de mots inconnus ? Coche ce que tu as réussi facilement ou assez facilement.

❑ Reconnaître les mots qui ressemblent au français.
❑ Deviner à partir de ce que je sais du sujet.
❑ Me servir de ce qu'il y a avant et après dans le texte.

Notes

....

....

....

....

Je peux enrichir des phrases et les relier logiquement.

5. Recopie ces phrases en les améliorant et / ou en les reliant entre elles. **I. A. ENTER 8P5**

a. Sherlock Holmes is a detective.

....

....

....

b. He can solve enigmas. He is clever.

....

....

....

c. He is a boxer. He can defend himself.

....

....

....

d. Scotland Yard can't solve a crime. Inspector Lestrade asks Sherlock Holmes for his help.

....

....

....

....

....

Pour apporter des nuances, ajoute des adjectifs et adverbes !

Pour rendre la lecture plus facile, utilise des mots de liaison : *because, so, when...*

- Quel point dois-tu améliorer ?
  - ❑ Mémoriser du vocabulaire pour enrichir.
  - ❑ Relier des phrases entre elles.

Notes

....

....

Ireland

Leprechauns

1. Fill in the speech bubbles from memory, or with your own words.

2. Watch the video and link the words to the right people or objects.

Video ENTER 8C1

Bagpipe

Irish flag

Kilt

Leprechaun hat

Flag dancer

Shamrock

NYC policeman

American flag

SITUATION

9 INTO AN ENGLISH HOME

Take a virtual tour of a British house.

1. Look and read p. 70-71 of your book.

I. A. ENTER **9A1**

- Can you fill in the blanks?
- Can you link → the words to the elements in the photos?
- Can you name more elements?

TIP Pour demander un mot en anglais : « – How do you say *placard* in English? / What's the English for *placard*? – Cupboard. »

garage

front garden

....

upstairs

downstairs

....

shower

toilet

....

dishwasher

fridge

cupboard

.... / ....

sofa

rug

bow window

shelves

lamp

fireplace

.... = ...

bed

wardrobe

cushions

mirror

....

Help Fiona to move in!

2. Listen to Fiona and link the pieces of furniture to their places in the rooms. **I. A. ENTER 9A2**

front room

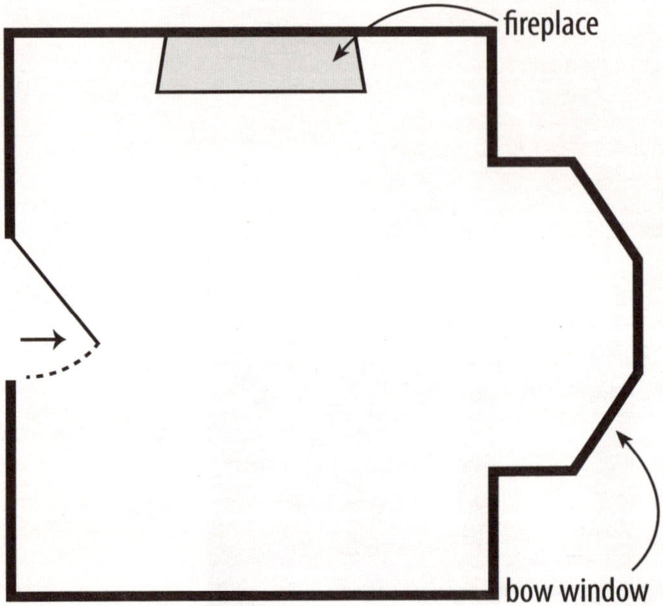

bedroom

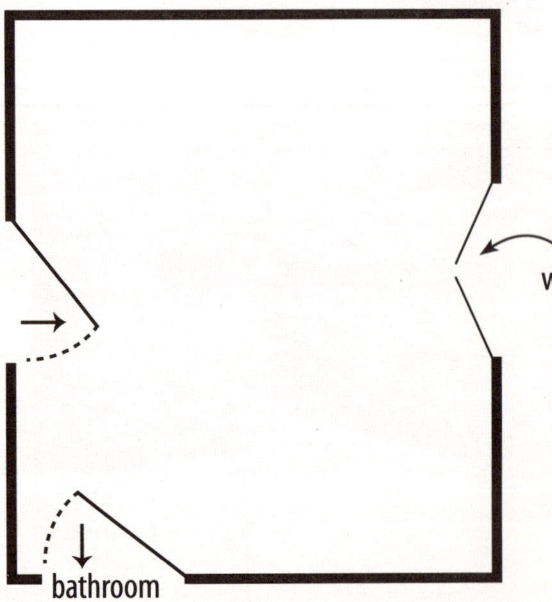

Your project Play the Move In game

I. A. ENTER 9A3

- In pairs or in groups:
  - You are the tenant: draw your tokens on the plan. Then answer the mover(s).
  - You are the mover(s): ask questions, ask for more details and ask for confirmation... Then draw the tokens on the plan.

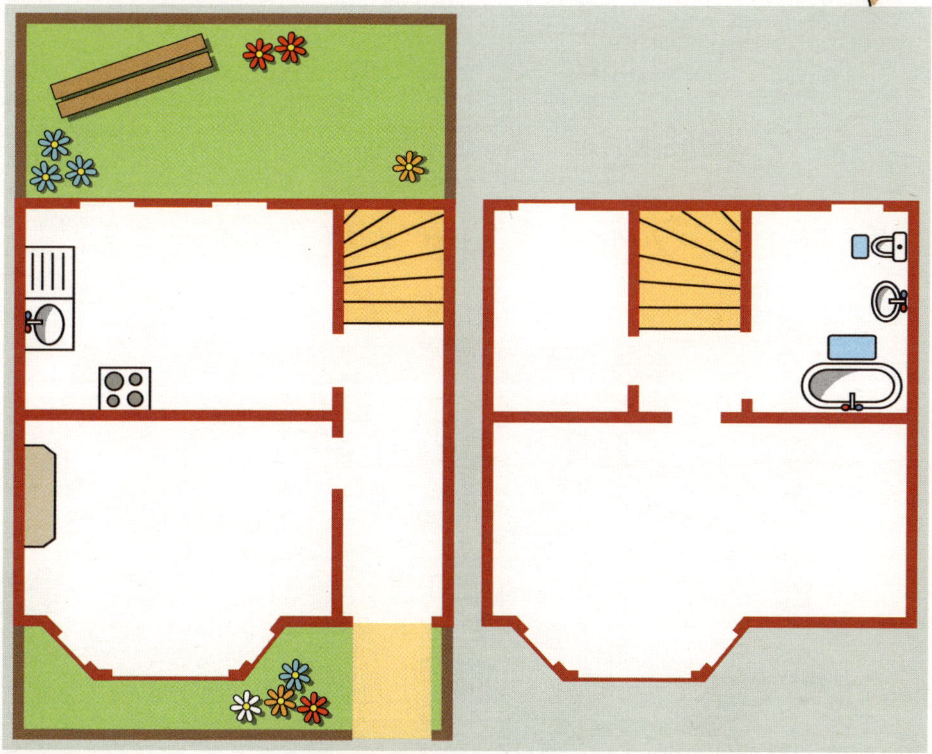

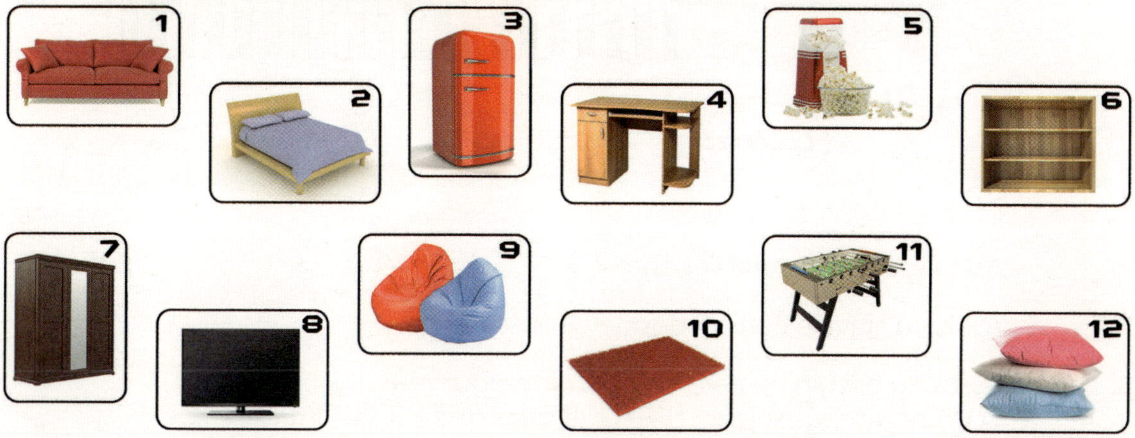

Pour améliorer mes performances

Je peux comprendre des informations précises dans un dialogue bref (indications de lieux, occupations).

1. M. Jeanson se demande où se trouvent ses enfants, le chat et le chien et ce qu'ils font. Écoute la conversation et : **I. A. ENTER 9P1**

- Écris K, D, PJ, P et C aux bons endroits dans la maison.
- Écris K, D, PJ, P et C dans la case de l'illustration correspondant à son occupation du moment.

Avant d'écouter, observe et dis à haute voix les pièces, meubles et prépositions de lieu que tu connais.

Pudding Crazy

Karen Dylan Paul and John

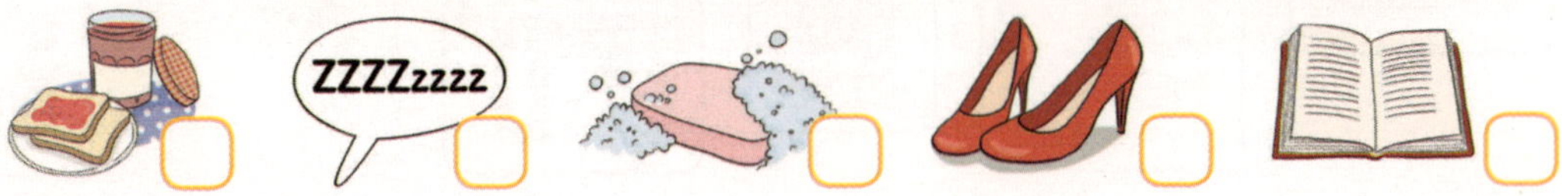

- As-tu été surpris(e) à l'écoute ? ....

 Avais-tu suivi le conseil donné ci-dessus ? ....

- As-tu eu besoin de revenir en arrière pour réussir ?
 ❑ De nombreuses fois ❑ Quelques fois ❑ Jamais

Je sais demander où se trouvent des personnes.

2. Sers-toi de l'illustration de l'exercice 1 et joue le rôle de M. Jeanson. Note ses questions, puis répète-les.

I. A. ENTER **9P2**

Notes

Pense à respecter l'intonation descendante des questions en *wh-*.

- As-tu réussi à bien imiter la prononciation et l'intonation ?
  ❑ Oui, très bien ❑ Oui, assez bien ❑ J'ai eu du mal

Je sais indiquer où se trouvent des personnes et ce qu'elles font.

3. Sers-toi de l'illustration de l'exercice 1 et réponds à M. Jeanson en inventant les réponses de ton choix. Tu peux t'entraîner en répétant les réponses de Mrs. Jeanson.

I. A. ENTER **9P3**

Notes

Avant de te lancer, décide où sont les personnages et animaux, et ce qu'ils font, puis pense au vocabulaire dont tu auras besoin.

Tu peux hésiter, mais fais-le en anglais !

- As-tu pris quelques notes comme conseillé ? ……………………
- As-tu réussi à bien imiter la prononciation et l'intonation ?
  ❑ Oui, très bien ❑ Oui, assez bien ❑ J'ai eu du mal

Je sais demander où placer des choses.

4. Pour ton club de théâtre, tu as préparé les accessoires pour la représentation de ce soir. **I. A. ENTER 9P4**

Regarde les illustrations et rédige les questions que tu vas poser au metteur en scène pour savoir où mettre chaque accessoire.

Tu peux varier ta façon de demander.

Avant de te lancer, pense au mot interrogatif qui commencera tes questions et trouve des verbes variés à utiliser.

Rappel : *Wh-* + Aux. + Suj. + Vb. (+ Compl.)

- As-tu réussi à varier tes questions ?

- Quels sont tes points forts ? Coche ce que tu as réussi facilement ou assez facilement :
  - ❑ Trouver le vocabulaire
  - ❑ Respecter l'ordre des mots
  - ❑ Respecter l'accord de l'auxiliaire *do*

Je sais donner des indications pour disposer des choses.

5. Maintenant joue le rôle du metteur en scène de l'exercice 4. Ton accessoiriste t'appelle au téléphone. Tu regardes ton plan de scène et tu réponds à ses questions.

I. A. ENTER **9P5**

a b c d e

Avant de te lancer, place les accessoires là où tu les veux. Au besoin, prépare tes réponses à l'écrit.

Sois précis(e) : donne toutes les indications possibles pour que l'accessoire soit exactement posé là où tu le veux.

Tu peux hésiter, mais fais-le en anglais !

Notes

....

....

....

....

....

....

....

....

- As-tu réussi à répondre à toutes les questions sans lire tes notes ? ....
- As-tu été clair(e) dans tes explications même en hésitant ou en te reprenant ? ....

Royal residences

Where can you see these royal residences?

Find clues in the texts (book, p. 76-77).

Windsor Castle is in the county of Berkshire, in ....

Balmoral Castle is in ....

Sandringham House is in the county of .... ,

in ....

Llwynywermod is in ....

Kensington Palace is in the city of .... ,

in ....

TINY HOUSES

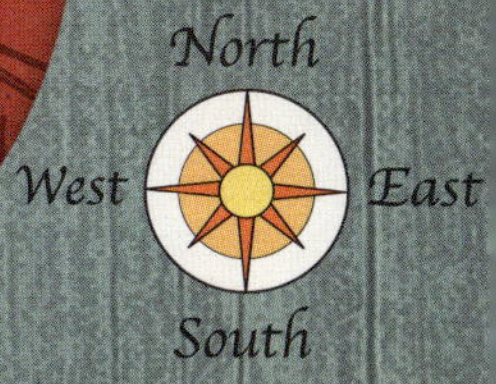

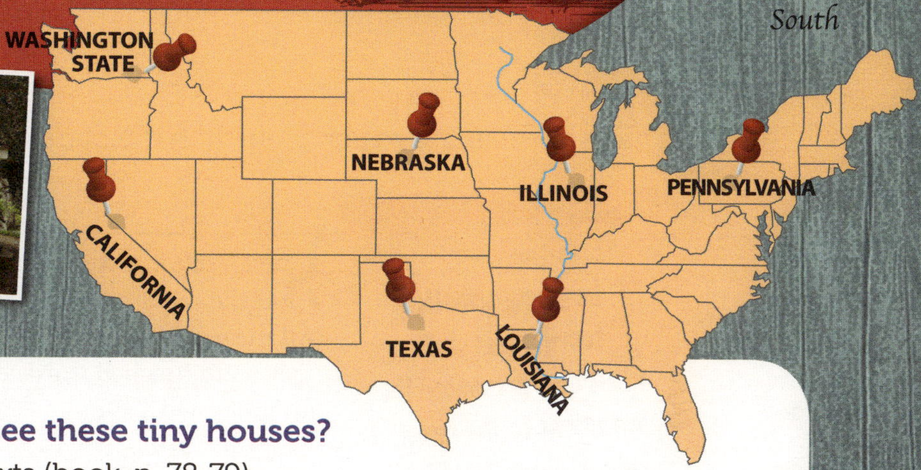

Where can you see these tiny houses?

Find clues in the texts (book, p. 78-79).

The Cosy Cottage is in the state of ………………………………,

in the ……………………………… of the USA.

The Woodland Cabin is in ……………………………… State,

in the ……………………………… of the USA.

The Classic Style Cottage is in the state of ………………………………,

in the ……………………………… of the USA.

The Creole Townhouse is in the state of ………………………………,

in the ……………………………… of the USA.

The Sunny Bungalow is in the state of ………………………………,

in the ……………………………… of the USA.

The Typical Farmhouse is in the state of ………………………………,

in the ……………………………… of the USA.

The Vintage Wagon is in the state of ………………………………,

in the ……………………………… of the USA.

SITUATION

10 CHALLENGE YOURSELF!

The 3 Cs: Competitions, Challenges and Championships

1. Read the news extracts and match them with the corresponding feelings. **I. A. ENTER 10A1**

The young scientists faced a real challenge when they presented their inventions to the panel of judges. Finalist Hannah, 14, said she was extremely nervous but very excited too.

Seven schools competed yesterday in the cross-country championship. All the competitors tried really hard. “My team finished third so I was a bit disappointed… But it was great fun all the same”, said Jarel, 13.

On Saturday, nineteen teams of future engineers created, designed and programmed their own robots for the technology competition. Everybody was enthusiastic and the robots were just awesome!

After seven weeks of painting, the young artists finally unveiled their new mural yesterday. *“Our students worked so hard! It was a real challenge but they did it! We are very proud.”* said one of the teachers.

Login Register

JOHN HART — WEDNESDAY 25TH MAY, 7:20

Last Monday, 80 children joined the rock climbing competition. Everybody cheered them on. Teachers and parents were really impressed.

a — impressed

b — disappointed

c — excited, enthusiastic

d — proud

e — nervous

A challenging experience

2. Link photos 1 to 4 to places on the map.

I. A. ENTER **10A2**

1

2

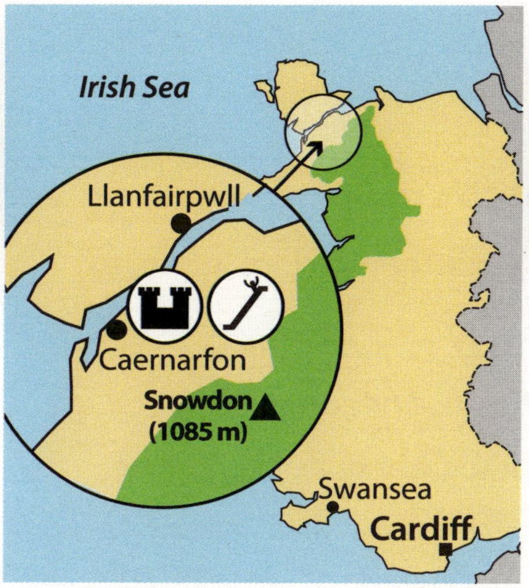

3

4

- Match the posts and photos 1 to 6 (book p. 82), then draw their route on the map.
- Read the posts again and underline the kids' feelings and reactions.

Our school trip to Wales

search

Forum | Photo gallery

March 23	18:35	**Libby:**	Today we walked up a path to the peak of Snowdon. Finding a quartz crystal was my favourite bit.
	18:40	**Oliver:**	The mountain path was very steep but the view was great.
	19:00	**Jack:**	We all really enjoyed Snowdon and we loved all the views but we were really tired out!!! :)
March 24	19:11	**Jacob:**	Today I went to the fun centre. I went down a 25 ft drop slide and then I was so excited I went again and again but some people were scared and didn't go.
	20:30	**Talia:**	The fun centre was absolutely amazing, especially the drop slides - I went really fast. It was the best fun ever!
March 25	18:23	**Scott:**	This morning we visited Caernarfon Castle. It's so huge! Did you know? The English king Edward I built seven castles when he invaded Wales in the late 13th century.
	18:38	**June:**	We went up into the castle tower. It was fantastic!
March 26	15:46	**Phoebe:**	Last night we all worked hard on our visual diaries…
	17:50	**Hosni:**	We all had lots of fun on all of the activities but waking up at 7.15 was a real challenge!
	18:12	**Aleyna:**	On the way home, we stopped at the village with the longest name for a group photo.

3. Now guess the meaning of difficult words.

- First read this example: *path*

Oliver: The mountain path was very steep but the view was great.

a. In the sentence(s) it is a:
☑ noun ❑ verb ❑ adjective ❑ adverb.

b. If a verb, is it a:
❑ base form ❑ preterit regular form *(–ed)* ❑ preterit irregular form?

c. Look for clues before or after the word in the text.

Before: *we walked up...*

After: *to the peak of the mountain*

d. Use the pictures, your logic and life experience.

Sur la photo on voit qu'ils ont marche dans la montagne. Quand on va en montagne, on suit un sentier, un chemin de randonnée. Donc path doit vouloir dire : sentier ou chemin.

- Your turn. Pick difficult words and guess their meaning.

a. In the sentence(s) it is a:
❑ noun ❑ verb ❑ adjective ❑ adverb.

b. If a verb, is it a:
❑ base form ❑ preterit regular form *(–ed)* ❑ preterit irregular form?

c. Look for clues before or after the word in the text.

Before: ....

After: ....

d. Use the pictures, your logic and life experience.

....

....

....

- Then share with the class. Use a dictionary if you can't agree.

Your project Visual tour of a challenging trip

- In groups, imagine your trip to Wales from day 1 to 4: Where did you go? When? Who did what?

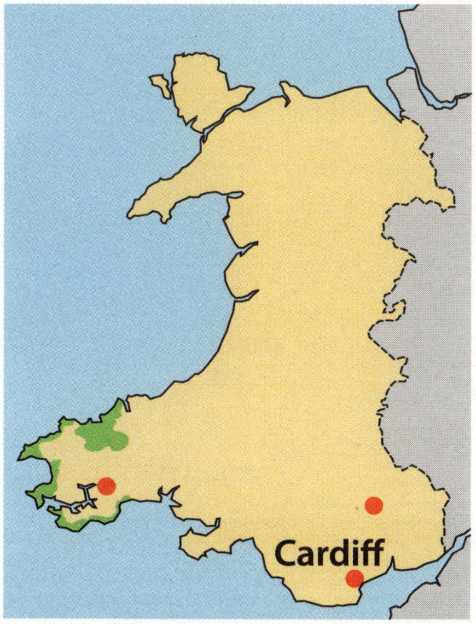

Notes

....

....

....

....

....

....

....

....

- Write about your adventures, feelings and reactions.

I. A. ENTER 10A4

Oakwood Theme park

→ Day ...... : Today I / we went to ....

- Have an extreme flight experience

→ I ....

....

- and enjoy flying!

→ I ....! It was ....!

- Try the other attractions (roller-coaster, speed run, waterfall...)

→ I also tried ....

....

I ....! It was ....!

Big Pit: National Coal Museum

→ Day .... :

Today I / we visited ....

....

→ We went 90 metres down ....

....

.... an underground tour.

→ ....

.... the mining galleries.

→ ....

.... total darkness.

I ....!

It was ....!

Millenium Stadium, Cardiff

→ Day .... :

....

....

→ ....

.... the dressing rooms.

→ ....

.... the players' tunnel!

→ ....

.... like a sporting superstar.

I ....! It was ....!

Pembrokeshire Coast National Park

→ Day .... :

....

....

→ ....

.... cliff-jumping.

→ ....

.... the cliff.

→ ....

....

→ ....

....

I ....!

It was ....!

Pour améliorer mes performances

Je peux comprendre de courts récits d'aventures illustrés.

1. Observe bien les illustrations ci-dessous et lis le récit de Ted qui a participé à une course d'orientation : *The Expedition Cup*. **I. A. ENTER 10P1**

Ted

The Expedition Cup #adventure #epic

Yesterday we competed in the Expedition Cup. It was just amazing!
First, we crossed a river... on a wooden bridge. Argh! Scary!
Then, we navigated in a forest for one hour. We jumped over branches and fences – that was fun! – and we crawled under bushes. Ouch!
Then, we climbed up huge rocks... We were tired out! Finally, we arrived at the finish line. We finished second! Sooo cool! We had a great time!

a. Numérote les illustrations dans l'ordre.

b. Trouve et écris les mots correspondant à ce qui est fléché.

a ☐ ....

b ☐ ....
....

c ☐ ....

d ☐ ....
....

e ☐ ....
....

f ☐ ....

c. Retrouve ces mots dans le récit et propose une traduction :

cross (vb.) : ....

over (prep.) : ....

crawl (vb.) : ....

d. Encadre tous les passages où Ted donne son opinion ou exprime ses sentiments.

- Quelle étape t'a paru plus difficile ? ❑ a. ❑ b. ❑ c. ❑ d.

- As-tu l'impression d'avoir compris ce récit :
  ❑ Tout à fait, facilement ❑ Tout à fait, grâce aux illustrations
  ❑ En partie seulement

Je peux comprendre quelqu'un qui raconte sa journée.

2. Écoute Zoe te raconter sa journée d'hier et trace son parcours depuis sa maison.
Puis relie les éléments aux bons endroits sur le plan.

I. A. ENTER **10P2**

Avant l'écoute, regarde bien les illustrations et pense aux mots que tu risques d'entendre.

Lance-toi un défi : sauras-tu tracer le trajet et relier les éléments après une écoute sans pause ?

- As-tu réussi ❑ sans arrêter l'enregistrement,
  ❑ avec une seule pause, ❑ avec deux pauses ?

- As-tu l'impression d'avoir compris
  encore plus que ce qui est demandé ci-dessus ? ....

Je peux rédiger des légendes de photos de voyage.

3. Jamie et Liam ont créé une page internet pour raconter leur voyage scolaire à Edimbourg en Écosse. Aide-les à rédiger les légendes des photos.

I. A. ENTER 10P3

Our trip to Edinburgh

Monday 16th, May

....

....

Tuesday 17th - Edinburgh Castle

....

....

King David II (1324-71)

....

in the 14th Century. (build)

Wednesday 18th - the city

....

by bike.

Millions of photos

....

....

Friday 20th - back home

....

....

Tired but happy!

....

....

Site created May, 23rd by Liam and Jamie

Regarde les illustrations et prépare ton vocabulaire.

À quel temps vas-tu raconter ce voyage ?

Relis-toi et :
– Entoure la terminaison *-ed* des verbes réguliers.
– Vérifie l'orthographe des verbes irréguliers.

Liste des verbes irréguliers p. 137 du manuel.

Je peux rédiger un court récit au passé.

4. Hier tu as passé une journée fantastique dans ce camp de loisirs. Rédige la page internet où tu racontes tes aventures. **I. A.** ENTER **10P4**

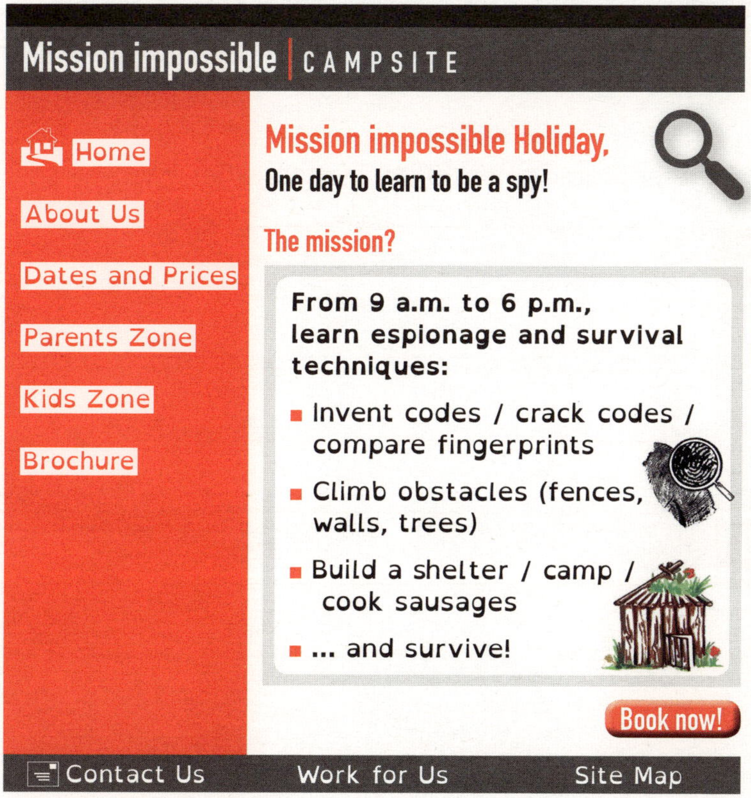

Lis attentivement le document et repère les activités.

Indique l'ordre des événements avec *then, and then, finally.*

Ajoute tes sentiments et impressions.

Relis-toi et :
- Entoure la terminaison *-ed* des verbes réguliers.
- Vérifie l'orthographe des verbes irréguliers.

Liste des verbes irréguliers p. 137 du manuel.

- Quels sont tes points forts ? ❑ Conjuguer les verbes ❑ Construire les phrases ❑ Organiser ton paragraphe

Notes

ADVENTURE MAGAZINE
EST. 2016
SPRING ISSUE

ADVENTURERS

1. Choose an adventurer (book, p. 86-89) and spot his/her...

name	
date of birth/death	
country of origin	
achievements	
famous quotes	

2. Write an article

- First, do your research. Find out about the adventurer and his/her exploits. Write down the importants facts:

name	
date of birth/death	
country of origin	
achievements	
famous quotes	

- Then, write your article. You can use the following structure:

.... was born in ...., in ....
At the age of ...., he/she ....
Then, in .... he/she ....
People admired him/her because ....
At the end of his/her life, he/she ....
His/Her most famous quote is: ....

- Look for photos, newspaper covers or maps to illustrate your article.
- Check your text to spot mistakes – that's it, you're ready to publish your article in the school magazine, online or as a poster!

The Moon Landing

1. Watch the NASA video and link the words to the pictures. **Video** ENTER **10C2**

eagle / Moon / Earth / olive branch

a ....

b ....

c ....

d ....

choose : happy / angry / worried

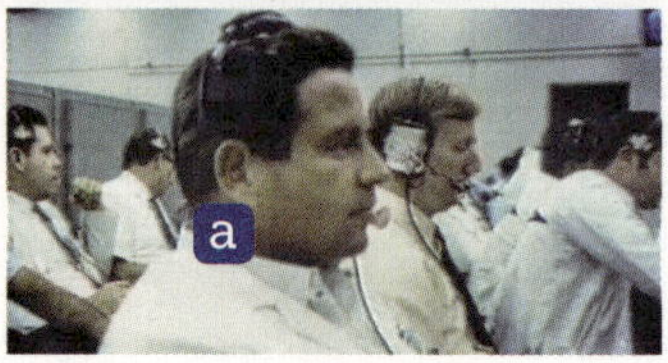

a ....

rocket / smoke / fire / sky

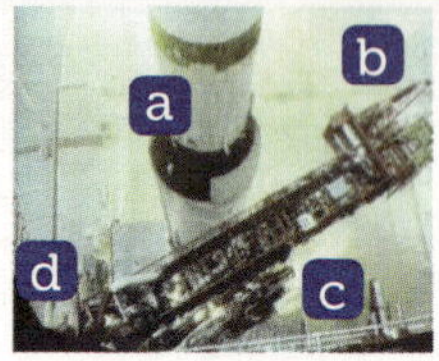

a ....

b ....

c ....

d ....

lunar module (= the Eagle) / Moon

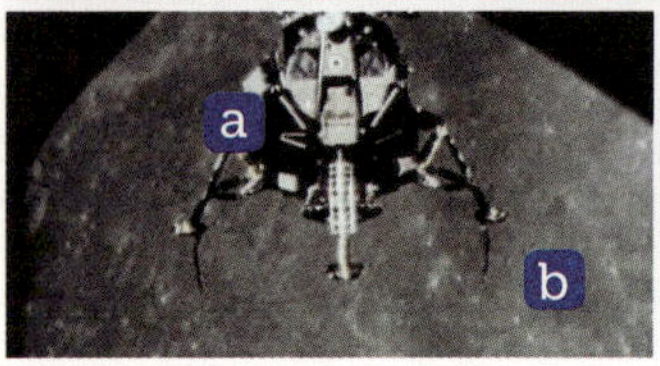

a ....

b ....

choose : happy / angry / worried

a ....

the Eagle / ladder / Neil Armstrong / the lunar surface

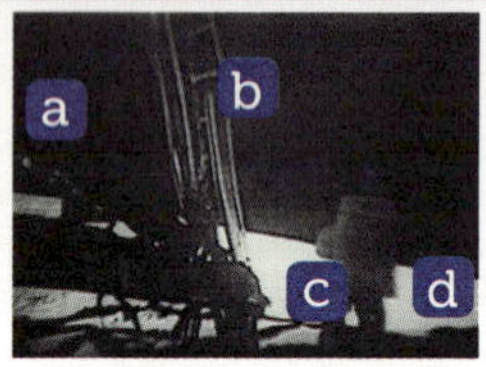

a ....

b ....

c ....

d ....

the American flag / the shadow of the Eagle

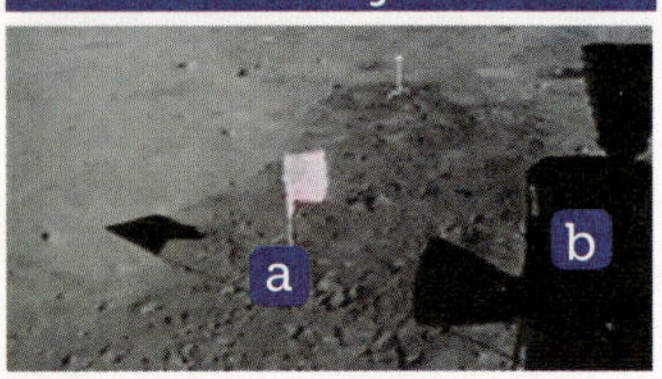

a ....

b ....

parachutes / Pacific Ocean

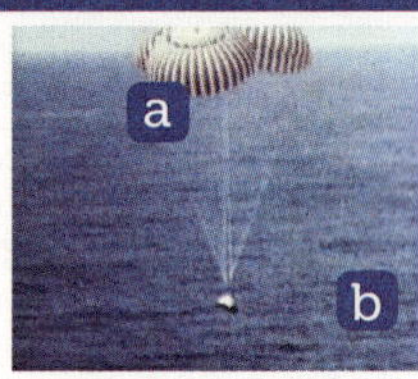

a ....

b ....

Armstrong, Collins and Aldrin / the Moon

a ....

b ....

2. Number the images in the right order to recreate the Apollo 11 mission.

July 16th, 1969. In the control room, Cape Kennedy, Florida

1

Aldrin and Armstrong install scientific equipment on the Moon

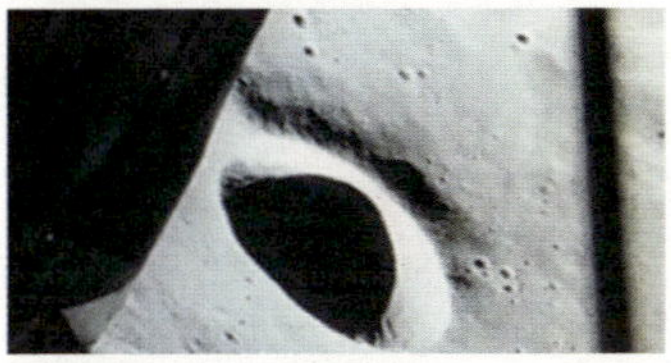

The Eagle leaves the Moon

July 20th, 1969 : The Eagle is landing on the Moon

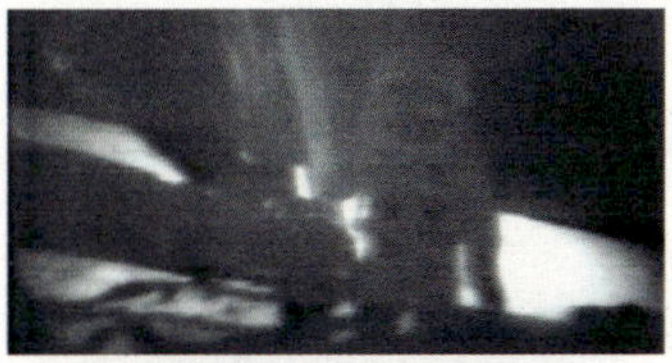

July 21st, 1969 : Neil Armstrong's first steps on the Moon

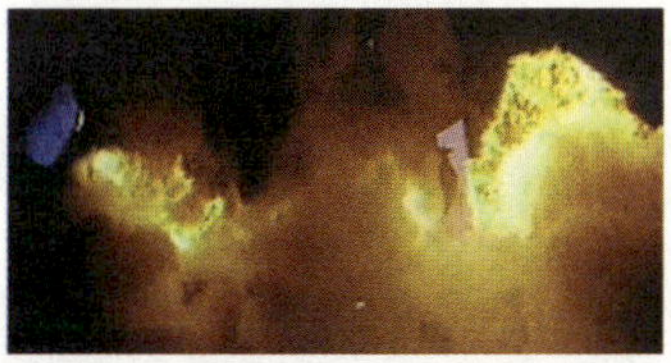

Ignition

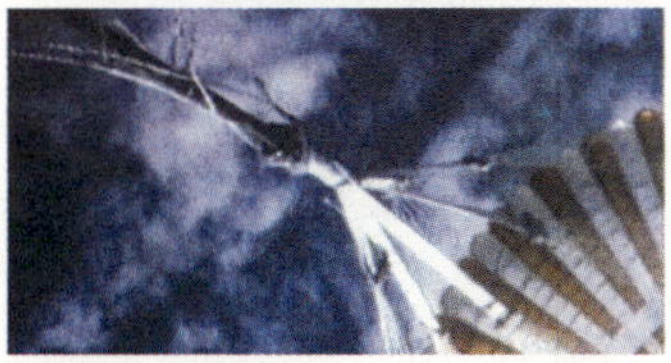

July 24th, 1969 : The astronauts land in the Pacific Ocean

Lift-off

3. Now look at the drawing at the beginning and end.

The eagle is the emblem of ...

❑ Planet Earth ❑ courage ❑ the USA ❑ adventure

The olive branch is the symbol of...

❑ war ❑ peace ❑ the sun ❑ the moon

Roz Savage, ocean rower

Watch section 1 (from 0:00 to 2:42)

Video ENTER 10C3

1. Roz Savage is a real adventurer. Watch, then fill in the gaps:

She was the first solo woman to row across the ....

In 2006, she rowed across the ....

In 2008-2010, she rowed across the ....

She rowed over .... miles – that represents ... million oarstrokes!

2. She faced a lot of dangers. Write the dangers under the illustrations.

broken watermaker | 6-metre waves | dehydration | broken oars | drowning | capsizing

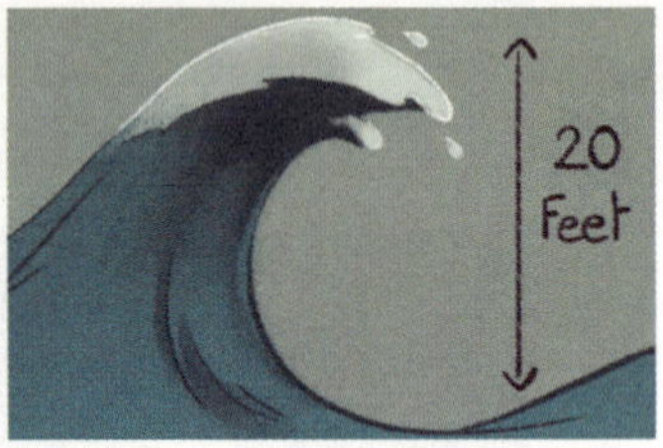

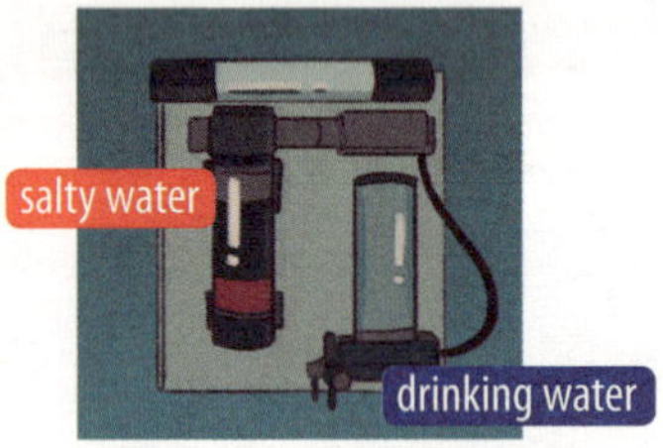

....

....

....

....

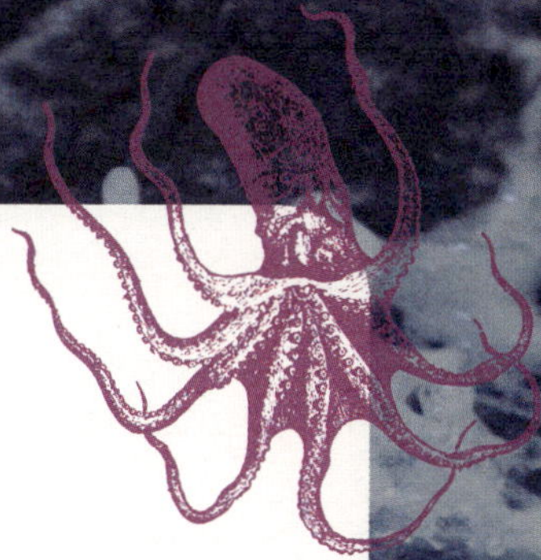

Now watch the second section (from 2:42 to the end)

3. Roz Savage wants to put the world back on course, on the right path. Listen to her and fill in the gaps.

This is no longer about ...., it's about ....

We need to get back on course for a cleaner, greener ....

The challenges are .... but every action ....

If you take a lot of tiny .... and string them all ....,

you really can achieve almost ....

Together we can create a ...., ... Future,

one .... at a time.

SITUATION 11 HOLIDAYS ARE IN THE AIR

July weather around the world

1. Match the texts (A, B... and a, b... p. 119) with the pictures. **I. A. ENTER 11A1**
Then, draw pictograms for the underlined words, as in the example.

1

2

3

4

5

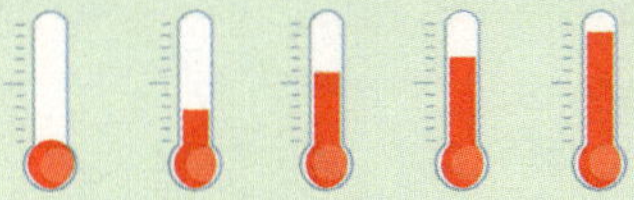

A In July, it is really sunny and it can be boiling hot in the National Parks.

B In July, it is often snowy and freezing in the mountains.

C Sometimes, it can be very windy and stormy on the coast with cool temperatures.

D Here July means warm temperatures with sunny spells. Sometimes it is cloudy with showers.

E In July, it's often mild but it can get cold and rainy.

a	We are in Golden Bay on New Zealand's South Island.
b	We are in Cornwall, England.
c	We are on the Giant's Causeway in Northern Ireland.
d	We are in Mount Buller, Victoria, Australia.
e	We are on the Colorado river in Marble Canyon, Arizona, USA.

2. The weather forecast for July 1st on Australian television: illustrate the map for Sunday with the weather pictograms.

Video ENTER 11A2

The weather forecast for July 1st on an American radio station.

3. Listen and spot the temperatures. Circle them.

I. A. ENTER 11A3

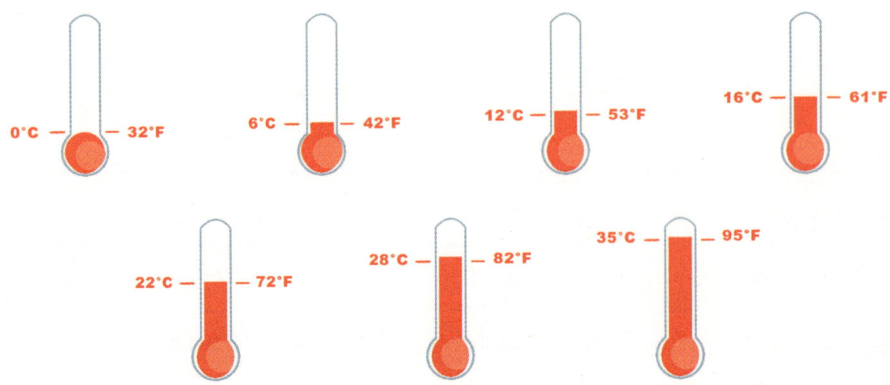

- Can you explain them?

C = ... F = ...

• Listen to the weather forecast. Draw the corresponding pictograms and write the temperatures for each day. Today (Monday) is the example.

Five-day Weather Forecast

Today	Tomorrow	Wednesday	Thursday	Friday

High: 	High:	High:	High:	High:
Low: 	Low:	Low:	Low:	Low:

Notes

Your project Be the weather boy/girl.

• **Step 1** In groups, choose your country. What will the weather be next Saturday? You decide. Draw the pictograms and temperatures for each place on your map.

I. A. ENTER 11A4

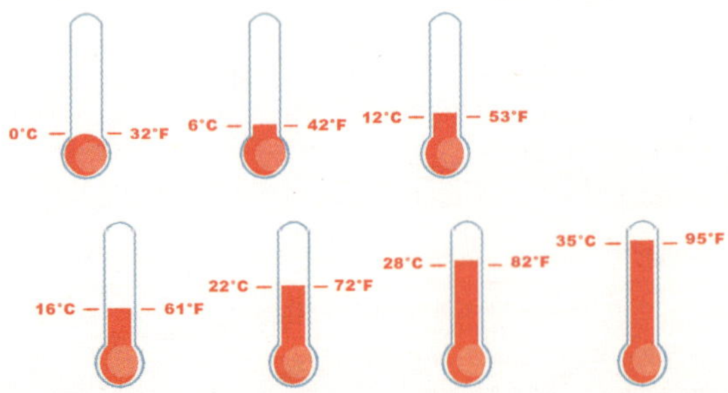

• **Step 2** Write the weather forecast - one place each.
Use the models and just change the underlined words or write your own sentences.

It's going to be dry and mostly sunny across the South East.
Sydney will have showers in the morning.
Today the weather is going to be cloudy with sunny spells.
It is going to be rainy and cool with a low of 53 degrees and a high of 61 degrees.

....

....

....

....

....

....

....

• **Step 3** Prepare your introduction and conclusion: just change the underlined words.

This is your weather forecast for this week.
I hope you'll have a great weekend. That's all for me. Back to you guys.

....

....

....

Pupils from the USA and Australia write about their holiday plans.

5. Highlight in 5 different colours the places, people, activities, time indications and weather. **I. A. ENTER 11A5**

E.g.: My family and I are going to go skiing in Mount Buller.
I hope there'll be lots of snow.
In the evening, I will probably watch some TV...

• Brady and Ann are really excited. Underline the exclamatives and the adjectives.

School online | Teachers | Students | Parents | Contact

My Winter Fun

I love the winter holidays! My family and I are going to go skiing in Mount Buller. We go every year and it's so awesome!

I hope there'll be lots of snow. I will mostly go skiing, but this year, I'm also going to learn snowboarding. How cool is that!

In my free time, I will read, read, and read. I will also practise my hula hoop tricks with my sister.

I think my holidays will be great fun!

Anna Brennan, Year 7. Melbourne Girls' College, Victoria, Australia.

SCHOOL ONLINE | TEACHERS | STUDENTS | PARENTS | CONTACT

My Summer Vacation

This summer, we are going to spend three weeks in Sandbridge, a beautiful seaside place in Virginia. I can't wait!

There are lots of wildlife reserves out there and we'll explore them all. I plan to take a bunch of cool pictures. It will be sunny and hot so I am going to go to the beach a lot. I am also going to go to the pool and do lots of awesome jumps.

In the evening, I will probably watch some TV or play video games with my brothers.

This will be a trip I will always remember!

Brady Stiller, Rising 6th grade. SOMMERVILLE HIGH SCHOOL, BOSTON, MA, USA.

Your project Imagine your dream holiday

• **Step 1** Say when, who and where.

I. A. ENTER 11A6

E.g.: This summer, we are going to spend three weeks in Sandbridge...

• **Step 2** Write about your plans.

E.g.: I am going to go to the beach a lot. I am also going to go to the pool.

• **Step 3** Imagine! What will you do?

E.g.: In the evening, I will probably watch some TV.

Notes

Learn better, get better

1. Listen and write the number in the right box. I. A. ENTER 11L1

E.g.: **1. There's a plane ticket in Steve's bag.**

• Check and repeat.

2. Play Bingo. Pick one or two cards.

- Listen carefully and tick the right boxes.
- Say Bingo when a card is complete.

Pour améliorer mes performances

Je peux comprendre l'essentiel d'un bulletin météo.

1. Écoute le bulletin météo. Coche les pictogrammes correspondants et note les températures données.

I. A. ENTER 11P1

> Regarde les illustrations et répète les mots dans ta tête, tu les reconnaîtras plus facilement.
>
> Ne panique pas si tu ne comprends pas chaque mot !

Morning: .... °C Afternoon: .... °C

- T'es-tu préparé(e) avant l'écoute comme conseillé ci-dessus ? ....
- De combien d'écoutes as-tu eu besoin pour réussir ? ❑ 1 ❑ 2 ❑ 3

Je sais parler du temps qu'il va faire.

2. Tu t'es renseigné(e) sur la météo. Tu dis à tes amis quel temps il va faire pendant votre voyage scolaire, la semaine prochaine. Sers-toi du bulletin de l'exercice 1 pour améliorer ta prononciation.

I. A. ENTER 11P2

> Pense au vocabulaire dont tu auras besoin.
>
> Prépare tes phrases par écrit. Surligne les mots importants dans tes notes.
>
> Parle sans te précipiter.
>
> Ne lis pas tes notes mais fais plutôt des pauses pour y jeter un coup d'œil de temps à autre.

- As-tu réussi à donner toutes les informations sans lire tes notes ? ....
- As-tu été clair(e) dans tes explications même en hésitant ou en te reprenant ? ....

Je peux comprendre un courrier bref sur des projets personnels.

3. Lis le post de Brianna en suivant les conseils ci-contre. **I. A.** ENTER **11P3**

Brianna 6:37 p.m.

Hi, how are you?
Guess what! We are going to spend two weeks in Scotland in July. I'm going to try cliff-jumping. (See photo below!) I'm so excited! I can't wait! I hope the weather will be ok.
We are also going to visit haunted castles. I think my baby brother will be scared to death!
I'll read him lots of ghost stories before.
I think this trip will be great fun.
What about your holidays?
Lots of xxx.
Brianna.
P.S.: My parents will probably take lots of photos and post them! ARRRRGH!

Lis une première fois en soulignant ce que tu comprends.

Aide-toi des illustrations.

Maintenant résume en notes brèves et en français ce que tu comprends.

a. Ce qu'elle prévoit de faire (activités, intentions, projets...) :

....

....

....

Repère les verbes et noms verbaux.

Repère les phrases qui commencent par *I think, I hope,* et les adjectifs, adverbes, exclamatives.

b. Ses commentaires sur ses futures vacances (espoirs, sentiments...) :

....

....

- As-tu suivi les conseils ci-dessus ? ....
- As-tu l'impression d'avoir compris ce courrier ?
  - ❑ Tout à fait, facilement
  - ❑ Tout à fait, en y réfléchissant
  - ❑ En partie seulement

Je sais rédiger un courrier bref sur des projets personnels.

4. Tu écris à un(e) ami(e) une petite lettre sur tes futures vacances (réelles ou imaginaires). **I. A.** ENTER 11P4

- Commence par noter le vocabulaire dont tu auras besoin : activités culturelles, touristiques, sportives…

....

....

....

- Puis écris ton brouillon ci-dessous.

Où, quand, combien de temps… ?

E.g.: We are going [to] spend two weeks in Scotland in July.

....

....

....

Quelles activités as-tu prévues ?

E.g.: I'm going to try cliff-jumping. We are also going to visit haunted castles.

....

....

....

....

....

Quels sont tes espoirs, attentes, prédictions… ?

E.g.: I hope the weather will be ok. I think this trip will be great fun.

....

....

....

Cherche le vocabulaire dans ta tête, mais aussi dans tous les documents, tes notes, les exercices…

Inspire-toi des exemples pour construire tes phrases.

Pense à utiliser *and, but, because* et *so*.

- Maintenant, rédige ta lettre au propre.
  - ❑ N'oublie pas la salutation de début.
  - ❑ Écris tes phrases dans un ordre logique.
  - ❑ Ajoute des exclamations dans ton texte pour le rendre plus personnel :

Guess what!

How cool is that!

I'm so excited!

I can't wait!

  - ❑ N'oublie pas de signer ta lettre !

....

....

....

....

....

....

....

....

....

....

....

....

....

- As-tu suivi les conseils et utilisé les modèles ? ....
- As-tu réussi à écrire ce que tu voulais ?
  ❑ Oui ❑ À peu près ❑ Pas vraiment
- Quels sont tes points forts ? Coche ce que tu as réussi facilement ou assez facilement. ❑ Trouver le vocabulaire
  ❑ Respecter l'ordre des mots ❑ Donner des détails

Postcards

1. Read the postcards and spot:

Card from	Location	Greetings/salutations (writing to…)	Activities	People/places (description)
Kathy			sight-seeing	
				friendly
	Hawaï			
		Greetings from… Best regards (writing to a neighbor)		

from America

Hi Lucy,

I just love the Big Apple! The skyscrapers are so tall! Yesterday we went up the Empire State Building, and then we went to see the Statue of Liberty. Tomorrow, we're going to visit Little Italy and Chinatown - I can't wait!

Kathy xxx

Lucy Lee
1748 Eagle Nest Circle
Winter Springs
FL 32708

Hi Mum, Hi Dad,

Summer camp is great! Yosemite is just incredible! Massive waterfalls! And the mountains are amazing. Today, we went rafting on the river. Next week, we're going to see some giant sequoias. The park rangers are really friendly and they teach us lots of stuff about nature. There's no wifi here, so I'll show you my photos when I get home!

Ted

Mr and Mrs Wiggins
27 Wardell Avenue
Runsom, NJ 07760

Greetings from The Great Plains. We're in South Dakota for a week, doing lots of outdoor activities, like rock-climbing, hiking, and visiting natural parks. Tomorrow, we're going to visit Mount Rushmore, I want to see the four presidents!

I hope you're having a good summer too.

Best regards,
Chloe

Mr Harry Shepherd
1438 Ocean Parkway
Brooklyn
NY 11 210

Aloha from the 50th State!

The sea is fantastic, I go swimming and surfing everyday, and the people are really welcoming. Wish you were here, Sis!

Sanjoi x

Hannah Kumar
1648, 8th Street
San Francisco
CA 94102

Songs

DO YOU LIKE...?

I. A. ENTER 5A0

Listen to the song and draw (♥ ou ✗) in the boxes. Then sing along!

Do you like...?

Do you like bananas?
Yes, I do.
What about pineapples?
Yes, yum, yum.
Do you like strawberries?
No, I don't.
And what about cherries?
No, yuck, yuck.

When I like it, I like it
Yum, yum, yum.
When I hate it, I hate it
Yuck, yuck, yuck

Do you like potatoes?
Yes, I do.

4

What about tomatoes?
Yes, yum, yum.
Do you like spinach?
No, I don't.
And what about cabbage?
No, yuck, yuck.

Chorus

Do you like playing?
Yes, I do.
And what about singing?
Yes, it's great.
Do you like homework?
No, I don't.
And what about shopping?
No, no, no.

Chorus

5

MY ROOM

I. A. ENTER 9A0

Listen to the chorus and number these words.

☐ place ☐ space ☐ base

Listen to verses 1 and 2. Link the words to the objets.

A bundle of keys

Goggles

Box

Bears

Ledge

Socks

Listen to the last verse. Number these words.

☐ hide ☐ cry ☐ dress ☐ think

☐ sleep ☐ be ☐ go ☐ be sent

Then sing along!

My room

It's only a room,
but it's my room.
My space, my base,
my place in the world.

Brown bears stare
from a ledge up above.
I don't play with them now
but can't give them the shove.
They're stuffed
too full of love.

On the floor:
a pair and a half
of sock,
a bundle of keys

6

without locks,
a pair of goggles,
in a box.

Chorus

It's only a room,
but it's my room.
Somewhere to go,
somewhere to sleep,
somewhere to be sent,
somewhere to hide,
somewhere to cry,
somewhere to dress,
somewhere to think,
somewhere to be.

Chorus

Steve Turner

7

Scripts

SITUATION 1 BE POSITIVE!

VIDEO Tips for Year 7, from Mollie Elisabeth

Hi guys. It's Mollie Elisabeth. Welcome back to my channel.
And today my little brother is starting Year 7. He is really nervous and jumpy... I've been there... So to all of you year 7, here is my advice!
Be happy! Don't be late!Be positive!Do your homework!
Stay calm, work hard and have fun!
Don't be scared, just be yourself!
Don't worry, everything's great!
That's all for now. Thank you for watching.
I'm Mollie Elisabeth.
Like, comment and subscribe to my channel!
And I'll see you next time! Bye!

SITUATION 2 IT'S A NEW LIFE!

VIDEO A day At Josh's school

Hi, my name is Josh. I'm twelve and I'm in Year 7 at Sandwich Technology School. And when I first get to school we go to registration. And then after we get registrated(sic.) we have to go to our first lesson... er... at 9:50 (sic.) – that ends at 9:55. And then we have a second lesson. And after the second lesson, we have a break. And then, after we have the break, we have another two lessons, before lunch. After that, we have to have our last lesson that finishes at three thirty. And then, that's the end of the day and we go and wait for the buses.

AUDIO Discover a year 7 timetable

- Hello! I'm Polly. I'm in Year 7 and I love Science! We have Science on Mondays, from 12:15 to 1:10 and on Thursdays, from 9:10 to 10:05!
- My name's Kerry and I'm an artist! We have Art on Wednesdays and on Fridays. On Wednesdays, from 12:15 to 1:10 and on Fridays, from 9:10 to 10:05.

- Hi, I'm Pru! I'm a geek! My favourite subject is ICT, information and communication technology. We have ICT just after lunch on Wednesdays from 2:05 to 3 and on Fridays just before the break, from 10:05 to 11.

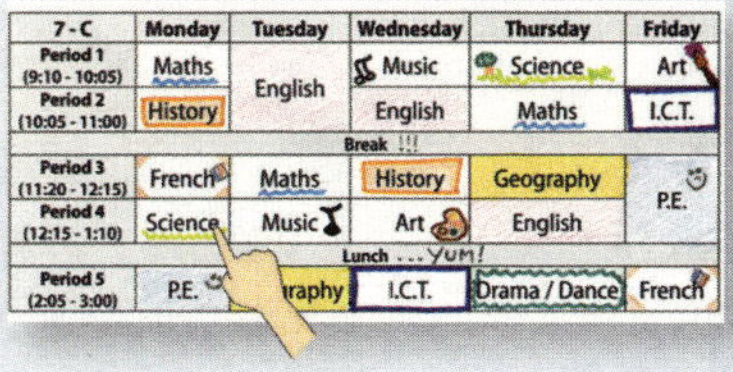

7 - C	Monday	Tuesday	Wednesday	Thursday	Friday
Period 1 (9:10 - 10:05)	Maths	English	Music	Science	Art
Period 2 (10:05 - 11:00)	History		English	Maths	I.C.T.
Break !!!					
Period 3 (11:20 - 12:15)	French	Maths	History	Geography	P.E.
Period 4 (12:15 - 1:10)	Science	Music	Art	English	
Lunch ... YUM!					
Period 5 (2:05 - 3:00)	P.E.	…raphy	I.C.T.	Drama / Dance	French

– Hello, I'm Ian and I'm in Year 7. I prefer Geography. We have Geography on Tuesdays, after lunch, from 2:05 to 3 and on Thursdays, just after the break, from 11:20 to 12:15.

– My name's Mary and I like PE. PE is physical education, sports and games, you know... We have PE on Mondays and on Fridays. On Mondays after lunch, and on Fridays we have a double period after the break, from 11:20 to 1:10. Friday is best!

VIDEO

Uniforms for girls and for boys

– This is my school uniform. We have white polo shirts with a school logo. I also wear black trousers.
– I wear a dark blue skirt and the same polo shirt as Lauren. I love wearing skirts.
– This is our school tie and it has 4 colours on it: the dark blue, the red, the yellow and the light blue.
The light blue is the same as the light blue on our school shirts.

– This is my school uniform. This is my tie.School colours: yellow and navy blue.
– This is my school shirt and we wear grey trousers.
– This is my blazer and this has got the school emblem on it. But I've got to go now, bye!

SITUATION 3 ALL AROUND THE WORLD

AUDIO

Secret Agent interviews

Interviewer: *So... What's your name?*
– I'm Caitlin.
Interviewer: *And how old are you?*
– I'm 21.
Interviewer: *Where are you from?*
– I'm from Dublin.

Interviewer: *OK. Let's check! How old are you?*
– 21, I'm 21.
Interviewer: *Right, are you Scottish?*
– No, I'm Irish!
Interviewer: *And your name's Kate.*
– No, my name's Caitlin.
Interviewer: *OK, thank you for your time!*

Interviewer: *So... What's your name?*
– My name's Wyatt.
Interviewer: *And how old are you?*
– I'm 25.
Interviewer: *Where are you from?*
– I'm from Ottawa.
Interviewer: *OK. Let's check! How old are you?*
– Er... 25, I'm 25.
Interviewer:: *And your name's Ryan.*
– No! My name's Wyatt.
Interviewer: *Right, are you American?*
– Yes! Er... No! No! I'm Canadian!
Interviewer: *OK, thank you for your time!*

Interviewer: *So... What's your name?*
– I'm Ned.
Interviewer: *OK Ned, how old are you?*
– I'm 19.
Interviewer: *Where are you from?*
– I'm from Canberra.

Interviewer: *OK. Let's check. Your name's Nick.*
– No, my name's Ned.
Interviewer: *Right, are you Welsh?*
– Welsh? No, I'm Australian!
Interviewer: And how old are you?
– Um... 19, I'm 19.
Interviewer: *OK, thank you for your time!*

Interviewer: *So, what's your name?*
– My name's Jessica.
Interviewer: *And how old are you?*
– I'm 23.
Interviewer: *Where are you from?*
– London! I'm from London.

Interviewer: *OK. Let's check. Your name's Jennifer.*
– Er... No! I'm Jessica.
Interviewer: *Right, are you British?*
– No... er... Sorry... Yes... Yes, I am! I'm English so I'm British.
Interviewer: *And how old are you?*
– Twenty... three, I'm 23.
Interviewer: *OK, thank you for your time!*

VIDEO The British Class - Imaginary Identities

Joseph: Hi! What's your name?
Molly: Hi! My name is Mary.
Joseph: How old are you, Mary?
Molly: I'm 17.
Joseph: Where are you from?
Molly: I'm from Ireland.
Joseph: So, you're Mary, you're 17 and you're from Ireland.
Molly: That's right!

Luis: Hello! What's your name?
Tamara: My name's Barbara.
Luis: How old are you?
Tamara: I'm 20.
Luis: Where are you from?
Tamara: I'm from Sydney, Australia.
Luis: So, you're Barbara, you're 20 and you're Australian.
Tamara: Right!

Natalya: What's your name?
Nathan: I'm Pierre.
Natalya: Er...Can you spell it please?
Nathan: P-I- E double R-E
Natalya: Where are you from?
Nathan: I'm from Paris. I'm French.
Natalya: How old are you?
Nathan: I'm 18.
Natalya: So, you're Pierre, you're 18 and you're from Paris, so you're French
Nathan: That's it!

SITUATION 4 PLAY FAIR!

VIDEO The British - A card Game

Nathan: OK three question-cards each. Three, three, three, three...
Natalya: Thank you.
D'Nai: And three answer-cards... two, three, one, two, three for you, one, two, three for you and one, two, three for you.
Luis: Thank you... Great! I have a pair...
Natalya: I have a pair too!
Nathan: Wow!

Nathan: Can you play football?
Natalya: Yes, I can.
Nathan: Yeah!
D'nai: Can you play tennis?
Luis: Yes, I can. Can you... er... can you sing?
Nathan: Sorry, I can't.
Luis: Too bad.
Natalya: Can you... er... ride a bike?
D'Nai: Sorry, I can't. Can you surf?
Luis: Sorry, I can't. Can you draw?
Natalya: No, I can't. Sorry.
Nathan: Can you do ballet?
Natalya: Yes, I can. Can you ride a bike?
Nathan: Yes, I can.
Natalya: And I won!
Nathan: Oh no!

VIDEO How to Play Netball

Each netball team has seven players on court. Each player position has a specific name: the Goal Keeper, the Goal Defence, the Wing Defence, the Center, the Wing Attack, the Goal Attack and the Goal Shooter.

You can easily spot which position someone is playing from the bib on their kit. The two letters correspond to the initials of their position. GK is the Goal Keeper, WA is the Wing Attack and so on.

SITUATION 5 LET'S MAKE FRIENDS!

VIDEO The British Class - A poem

N'Dai: I love parrots. Do you?
Do you love parrots too?
Matthew: No, I don't. I really really don't!
N'Dai: Oh... I see... Well...
I like goldfish. Do you?
Do you like goldfish too?
Matthew: No, I don't. I really really don't!

N'Dai: Oh... I see... Well...
I hate guinea pigs. Do you?
Do you hate guinea pigs too?
Matthew: No, I don't. I really really don't!
N'Dai: Oh you like guinea pigs! Do you really?
Matthew: Yes, I do! I have two!
I like my two brown guinea pigs!

VIDEO Things I like and things I don't like

Hi guys. It's Mollie Elisabeth. Welcome back to my channel. And today I'm going to be talking about things I like and things I don't like. So, let's begin!
One thing I really love doing at home is... guess what! Making these videos. Of course! That's why I'm here!!
The second thing I really love is my cat Muffin... She is the best pet in the world... Hellooo!
Speaking of pets, I really don't like rodents... like guinea pigs... mice! Uuuh... They're gross...
Now one thing I really hate... ummm... let me think... I really hate getting up really early in the morning, at like 6... for my paper round... especially on Saturdays and on Sundays... Oh! I hate that!
The third thing I really like is listening to music. I love listening to music with my best friend Rosie. We love singing at the top of our voices. It's so much fun... not for the parents but... that's life!

What else? Ah yeah... I really don't like horror films... Action films are great, I love action films... I love watching action films with my friends, but horror films, no, I just can't... They give me nightmares... full stop.
One last thing... I love shopping, but not with my family... with my friends, because it's not really shopping, it's just having fun... And that's the best!
That's all for now. Thank you for watching my video. Make sure you subscribe, comment down below, feed the like! And I'll see you next time! Bye!!

SITUATION 6 LUNCHTIME STORIES

VIDEO Packed Lunches

Hello, I'm Chantelle.
Hello, I'm Emily.
Hello, I'm Hannah.
Hello, I'm Lucy and we're all 12 and in Year 7.
Chantelle: In my lunch today I have a sandwich, a packet of crisps, a peach, a drink and two yogurts.
Emily: And in my packed lunch today I have a sandwich wrapped in tin foil, some grapes, a chocolate bar and a drink.
Lucy: In my lunch today I have a yogurt, an orange, a packet of crisps, some chocolate biscuits and a drink.
Hannah: And I have a sandwich wrapped in tin foil with tuna and lettuce inside, and some strawberry jelly, a fairy cake, some choc... little chocolate biscuits and some carrots.

SITUATION 7 WELCOME TO GUILDFORD

AUDIO Planning a birthday party

Phone call 1
Sally: Noam hi, It's me... Sally... Listen... about Scarlet's surprise birthday party next week... Are you in?
Noam: Sure, yeah...
Sally: Cool. Her birthday's on Wednesday...
Noam: Oh no! Not on

Wednesday! I'm visiting my grandparents!
Sally: OK! OK! So... How's...Tuesday? Are you free?
Noam: Yeah, Tuesday's fine... Only... No! Wait a sec! I think Elia is helping out at the pet shop on Tuesday...
Sally: Bummer! Are you sure?
Noam: Yeah, absolutely.
Sally: OK. So we can have the party on Monday... Thursday... Friday or Saturday... right?
Noam: Yep!
Sally: OK, I'm calling Leo now, bye!

Phone call 2

Sally: Leo, hi it's Sally.
Leo: Hi. What's up?
Sally: About Scarlet's party next week... We can't have it on Tuesday or Wednesday. So when are you free? Is... pff... I don't know... Is Friday OK?
Leo: Depends... What time?
Sally: Well from 3 to 6, I guess.
Leo: Ooops... sorry! Friday at 4... I'm going to the dentist's! Yick!
Sally: OK!... How's Monday?
Leo: Monday's good... No, wait a minute... Greg can't on Monday... He's looking after his little sister... His parents are away.
Sally: Just great! So... Everybody's busy!
Leo: Come on Sally! Saturday's fine, innit!... And Thursday too...
Sally: Yeah, you're right... OK... I'm calling Poppy now! See you!

Phone call 3

Poppy: Poppy Patterson.
Sally: Poppy hi, it's me Sally... Listen... about Scarlet's party...
Poppy: Oh yeah! When is it?
Sally: Tuesday... or... Saturday... Nooo... I mean... Thursday... Saturday or Thursday... Elia's helping out at the pet shop on Tuesday.
Poppy: And I know Christopher is busy on Saturday...
Sally: I can't believe it! What's he doing on Saturday?
Poppy: He's redecorating his room with his parents... They're changing the wallpaper...
Sally: Ah well... So it's Thursday then...
Poppy: Yes, Thursday 's fine... Oh, no!
Sally: What??
Poppy: My cousin's visiting on Thursday... and we're going to the ice-rink!
Sally: Oh no you're not!! We're having Scarlet's party on Thursday and your cousin's coming too. End of story! I'm fed up!
Poppy: Okay, okay, take it easy! Nooo problem! Thursday's fine...
Sally: Yes... It is! I'm telling everyone! Bye!

VIDEO The British Class - On the phone

Luis: Hey, Joseph! It's Luis.
Joseph: Hi Luis. What's up?
Luis: I'd like to go to the skate-park. Can you come with me?
Joseph: I can't! I'm helping Dad today... How's tomorrow afternoon?
Luis: Oh no, I can't tomorrow. I'm playing football. It's the finals... How's Friday?
Joseph: Friday's good!
Luis: Cool! See you at the skate-park at 2!
Joseph: Good... OK... See you Friday! Bye!
Luis: Bye...

00:32

D'Nai: Hi, Molly! It's D'Nai.
Molly: Hi D'Nai! What's up?
D'Nai: I'd like to go to the music shop. Are you busy on Monday? Can you come with me?
Molly: On Monday... er... sorry, no, I can't! I'm going shopping with mum... How's Tuesday?
D'Nai: Oh no, I can't on Tuesday, I'm visiting the botanic gardens... But I'm free on Wednesday...
Molly: Wednesday's great! How's 10 o'clock?
D'Nai: Great! 10 o'clock - my place!
Molly: OK... See you Wednesday!
D'Nai: Bye!
Molly: Bye...

SITUATION 9

INTO AN ENGLISH HOME

AUDIO

Help Fiona to move in!

a)

Mover: Er... Where do you want your armchair, Miss?
Fiona: Ah! My armchair. Let me think... It goes in the front room... between the bow window and the fireplace.
Mover: Okay-dokey... Between the bow window and the fireplace.

b)

Mover: We have your bed here. Where does it go? Under the window?
Fiona: No, no, next to the window.
Mover: On the right or on the left?

Fiona: Er... I'm not sure... On the right I think...
Mover: OK, let's put it on the right. Is that OK?
Fiona: Yes, thanks.

c)

Mover: Now I think the sofa goes in the front room. Where do you want it?

Fiona: Can you put it opposite the fireplace, please?
Mover: OK, so... opposite the fireplace. Let's go!

d)

Mover: What about these shelves? Where do they go?

Fiona: Oh, er... upstairs! Put them in my bedroom, please, under the window.
Mover: Righto.

e)

Fiona: Can you put this rug under the bow window, please? And... wait... my two lamps... Where are they?

Mover: In the hall. Where do we put them?
Fiona: They go in the front room, please. One on the fireplace, one next to the sofa.
Mover: Next to the sofa, you mean, between the sofa and the door?
Fiona: Er... yes... between the door and the sofa, just put it on the floor.
Mover: Okay.

f)

Mover: Now, what about this wardrobe?
Fiona: Put it in my bedroom, please. On the left.
Mover: On the left... You mean... behind the door?
Fiona: Er... yep, that's right, just behind the door.

g)

Fiona: Er... my desk... Where's my desk?
Mover: In the bedroom... Next to the window on the left.

Fiona: Great!
Mover: I think we're done, Miss.
Fiona: Thank you so much. Can I get you a cup of tea, or coffee?

SITUATION 10 CHALLENGE YOURSELF!

VIDEO The British Class - A trip to London

N'dai: We saw Big Ben and the Houses of Parliament and then we went to the London Eye. It's a very big wheel! I loved it... It was so fun... But my little brother was sick! Yick! Then, we went to Piccadilly Circus and I bought an umbrella that had the British flag on it. I really loved London.
Joseph: We went to Trafalgar Square and saw the statue... I mean... Nelson's column, but we didn't go to the National Gallery. Then, we went to Hyde Park and had a picnic... then we visited Buckingham Palace. It's really big! We saw the Changing of the Guard. That was cool... But we didn't see the Queen! And... that's it!

SITUATION 11 HOLIDAYS ARE IN THE AIR!

VIDEO Weather report on Australian television

Good day. This is Rob Sharp from Weather Centre with your weekend weather forecast. Now it's going to be dry and mostly sunny across the South East, just a few showers in the East and the West... er... with very cold mornings. Canberra will get down to minus 3 and Alice's going down to minus 4, which is ten below average.
Er... Sydney will have the odd shower in the morning with the odd shower as well for Brisbane and Perth. The showers will linger there into Sunday for those places... er... while Sydney will be mostly sunny. The clouds will increase er... for Adelaide and for Melbourne. But wherever you are I hope you'll have a great weekend.

AUDIO Weather report on an American radio station

Good morning Seattle, this is your five-day weather forecast for this week. So today the weather is going to be cloudy with sunny spells. This morning is rather cool with a low of 53 degrees but it will warm up with a high of 72. So a pleasant day all in all. Tomorrow is going to be a sunny day and quite warm with a low of 61 and a high of 72. So a fine summer day.
On Wednesday, pretty much the same weather, sunny and warm with a low of 61 and a high over 72. Thursday, it's going to be hot with a high of 82 degrees but it's going to get really stormy and windy. The evening temperatures will drop to 61. Then Friday is going to be rainy and cool with a low of 53 degrees and a high of 61 degrees. And that's all from us. Have a nice week.

Références des images

14 - 1 - moodboard/Corbis – **14** - 4 - Aigars Reinholds / Alamy Stock Photo – **14** - 2 - Batareykin / Alamy Stock Photo – **14** - 3 - AFP / dpa / Henning Kaiser / Germany OUT – **18** - 2 - BEMPhoto / Fotolia – – **18** - 4 - BEMPhoto / Fotolia – **18** - 7 - BEMPhoto / Fotolia – **18** - 1 - BEMPhoto / Fotolia – **18** - 5 - BEMPhoto / Fotolia – **18** - 3 - Ronniechua / Fotolia – **18** - 6 - BEMPhoto / Fotolia – **19** - 1 - Daboost / Fotolia – **19** - 3 - ronniechua / Fotolia – **19** - 2 - Ronniechua / Fotolia – **23** - h - Geoatlas/ Graphi-ogre – **26** - bg - Gennadiy Poznyakov / Fotolia – **27** - bd - Massimo_g / Fotolia – **28** - b - Oleksiy Maksymenko / Agefotostock – **28** - f - Peter Muller/Corbis – **28** - h - Moodboard / Corbis – **28** - n - Roger Ressmeyer / CORBIS – **28** - o - Friedberg / Fotolia – **28** - d - Grafikplusfoto / Fotolia – **28** - g - Zero Creatives/Cultura / Photononstop – **28** - k - Image Source/ Corbis – **35** - bd - aleciccotelli/Fotolia – **47** - Jeff Morgan 16 / Alamy Stock Photo – **48** - foodfolio / Alamy Stock Photo – **50** - bg - Odile Martin-Cocher – **50** - bm - Odile Martin-Cocher – **50** - mm - Susan Yuen – **50** - md - Chef in disguise - Sawsan Abu Farha – **50** - bd - Odile Martin-Cocher – **52** - md - Odile Martin-Cocher – **52** - bd - Odile Martin-Cocher – **52** - hd - Peter Dazeley / Getty images – **57** - Park Dale / Alamy Stock Photo – **62** - bm - DEA / W. BUSS / Getty images – **62** - bg - Homer Sykes / Alamy Stock Photo – **62** - mg - Batareykin / Alamy Stock Photo – **62** - hm - AFP / dpa / Henning Kaiser / Germany OUT – **62** - mm - Odile Martin-Cocher – **74** - m - 1zoom.me – **74** - hm - freepik.com – **75** - h - Jon Arnold Images Ltd / Alamy Stock Photo – **78** - «Cendrillon (Cinderella)», 2015 ; Real Kenneth Branagh, Lily James. Collection Christophel © Walt Disney Pictures – **80** - Chorazin / Fotolia – **87** - bd - Les Schtroumpfs/Collection Christophe L – **90** - hg - Freepik.com – **91** - m - AFP – **91** - bg - Freepik.com – **92** - hg - Image Copyright Martin Bodman 2006 – **92** - bd - Mike Booth / Alamy Stock Photo – **92** - bg - Andreas von Einsiedel / Alamy Stock Photo – **93** - h - Chris Rose / PropertyStock / Alamy Stock Photo – **93** - b - Arcaid Images / Alamy Stock Photo – **93** - m - Washington Imaging / Alamy Stock Photo – **94**(1d), **95**(1), **142**(c) - Nupsik284 / Fotolia – **94**(5d), **142**(e3) - Fkurtcan01 / Fotolia – **94**(1g), **142**(e2) - Fkurtcan01 / Fotolia – **94**(4g), **95**(2), **142**(b) - Lucadp / Fotolia – **94**(3g), **95**(10), **142**(e1) - Montego6 / Fotolia – **94**(2d), **95**(6), **142**(d) - Bombybamby / Fotolia – **94**(2g), **142**(a) - Prescott09 / Fotolia – **94**(3d), **95**(7), **142**(f) - ArtyuStock / Fotolia – **94**(4d), **95**(4), **142**(g) - Nikolay Dimitrov / Alamy Stock Photo – **95** - 8 - Fotolia / Alexandr Bognat – **95** - 11 - Fotolia / Sergojpg – **95** - 3 - Fotolia / Corund – **95** - 5 - Shawn Hempel / Fotolia – **95** - 12 - Fotolia / Marylooo – **95** - 9 - Okinawakasawa / Fotolia – **100** - mg - Ian Mears / Alamy Stock Photo – **100** - h - Stan Kujawa / Alamy Stock Photo – **100** - bd - Peter Scholey / Alamy Stock Photo – **100** - md - Chris Jackson/Pool/Getty Images / AFP – **100** - md - David Johnson – **101** - hg - Courtesy of Christina Nellemann Originally featured on th Tiny House Blog (2013) – **101** - hm - Richardson Architects – **103** - b - Cheeky Monkey (Cwmbran) Ltd – **103** - a - Peter Horree / Alamy Stock Photo – **103** - c, d - www.greneway-wales2015.blogspot.co.uk / Wales School Journey / GrenewayMiddle School – **105** - bd - Oakwood Theme Park, Pembrokeshire, Wales – **106** - hg - Big Pit National Coal Museum – **106** - bd - Eye35 stock / Alamy Stock Photo – **107** - hd - DJC / Alamy Stock Photo – **112** - mg - Canicula/ Shutterstock – **115** - md - Neil A. Armstrong / Getty images – **115** - bd - Universal History Archive / Getty images – **115** - hd - Consolidated Nasa/dpa/Corbis – **117** - bd - Handout / Getty images – **117** - bg - www.rozsavage.com – **113** - hg - Ian woolcock / Alamy Stock Photo – **113** - bd - Robert Cianflone / AFP / Getty images – **113** - md - Outdoor-Archiv / Alamy Stock Photo – **113** - hd - Blaine Harrington III / Alamy Stock Photo – **113** - mg - Travelib ireland / Alamy Stock Photo – **129** - DJC / Alamy Stock Photo – **132** - b3 - Heritage Image Partnership Ltd / Alamy Stock Photo – **132** - b5 - Heritage Image Partnership Ltd / Alamy Stock Photo – **132** - b2 - Bill Heinsohn / Alamy Stock Photo – **132** - b4 - Prisma Bildagentur AG / Alamy Stock Photo – **132** - b1 - hand draw photo/ Shutterstock – **132** - hg - Freepik.com – **133** - hd - Lefteris Papaulakis / Fotolia – **133** - bg - hand draw photo/Shutterstock – **133** - bd - microvector/Shutterstock – **133** - md - Tatiana_Kost/Shutterstock – **133** - md - Freepik.com – **137** - bg - Wojtek Buss/AGF Foto / Photononstop – **137** - bd - DEA / D. STAQUET / Getty Images – **138** - hg - Andrew Watson/John Warburton-Lee/Photononstop – **138** - hd - Alex Holland/ Cultúra Creative / Photononstop

Références des textes

4 - Word & music by John Lenon & Paul McCartney

DR : Malgré nos efforts, il nous a été impossible de joindre certains photographes ou leurs ayants droit, ainsi que les éditeurs ou leurs ayants droit pour certains documents, afin de solliciter l'autorisation de reproduction, mais nous avons naturellement réservé en notre comptabilité des droits usuels.

Edition : Claire Guillot / Cbienfaitpourvous
Responsable d'édition : Anke Feuchter
Adaptation de la maquette intérieure du livre élève (Joëlle Parreau) : Gudrun Challe
Mise en pages : Gudrun Challe
Iconographie : Myriam Chergui
Création de couverture : Primo & Primo

Graphisme
Gudrun Challe : 44-45, 49, 58, 61, 66, 71, 73, 86, 110-111, 121, 124, 129
Cécile Chaumet : 20, 52
Dany Mourain : 103
Joëlle Parreau : 102
Vivi la Blonde : 95, 107, 134, 135

Cartographie
Anne Horrenberger : 18-19, 22, 74, 75, 103, 105, 107, 122-123
Julie Olivier : 23

Illustrations
Prisca Baverey : 40, 42
Lucile Chabre : 111
Aziza El Kasri : 76, 82
Lupe Granité : 64, 65
Rozenn Grosjean : 27, 41, 69, 79, 81, 98-99, 116
Anne Horrenberger : 30, 32, 33, 101, 120
Giovanni Jouzeau : 13, 61, 62
Ewa Lambrechts : 67, 102
Maria Inés Langand : 16, 34, 39
Loic Méhée : 65
Barbara Meulemeester : 85
Marie Ohaco / Pick-it : 65, 73
Julie Olivier : 23, 35, 119-121, 122, 128
Adeline Pham : 96
Eva Roussel : 36
Fred Simon : 84, 109
Xiaojun Song : 6, 8, 17, 24, 46, 56, 134, 135
Frédérique Vayssières : 126, 127

PAPIER À BASE DE FIBRES CERTIFIÉES

éditions didier s'engagent pour l'environnement en réduisant l'empreinte carbone de leurs livres. Celle de cet exemplaire est de :
350 g éq. CO_2
Rendez-vous sur www.editionsdidier-durable.fr

ISBN : 978-2-278-08599-6
Dépôt légal : 8599/01
Achevé d'imprimer chez LEGO LAVIS en avril 2016